# CORRÍGEME
# SI ME EQUIVOCO

## Cómo ser hotelero
## y no morir en el intento

ᴜ

**Manuel Rosell Pintos (Vigo, 1975)** ha dedicado parte de su trayectoria profesional al sector turístico y hotelero, donde ha gestionado hoteles *boutique*, impulsado proyectos de expansión internacional y fundado su propia consultora. Su experiencia se extiende  también a ámbitos como la alimentación, las finanzas, el marketing y la educación, siempre con un enfoque práctico y realista.

*Corrígeme si me equivoco* es su primer manual sobre gestión hotelera: un recorrido sin adornos por los desafíos y oportunidades del sector, pensado para quienes quieren entenderlo desde dentro y con los pies en la tierra.

© Manuel Rosell Pintos, 2025

I.S.B.N.: 979-13-87589-90-5
Depósito legal: AB 429-2025

EDITORIAL
unoeditorial.com

# CORRÍGEME SI ME EQUIVOCO

### Cómo ser hotelero y no morir en el intento

MANUEL ROSELL PINTOS

U

# Índice

# Introducción

El manual en tus manos ha sido elaborado con la sincera intención de inspirar a quienes, en algún momento, han decidido o están considerando embarcarse en una de las profesiones más antiguas del mundo: la hospitalidad.

La hotelería, en su forma más primitiva, surgió con las primeras civilizaciones, cuando las personas comenzaron a viajar por razones de comercio, peregrinación o intereses políticos y militares. Desde que existe la necesidad de viajar, también existe la necesidad de contar con lugares donde los viajeros puedan descansar y encontrar refugio.

En Mesopotamia y Egipto, alrededor del 2000 a.C., ya se encontraban alojamientos rudimentarios donde comerciantes y viajeros podían descansar durante sus largas jornadas. Estos primeros establecimientos fueron los precursores de las posadas y albergues que, con el tiempo, han evolucionado hasta convertirse en una de las industrias más importantes de nuestra civilización: el turismo.

El título de este manual es una referencia a un CEO de una compañía hotelera española que, en sus charlas, solía reafirmar sus opiniones con una aparente y modesta solicitud a sus directivos más cercanos. Siempre me resultó curioso, porque parecía ser una forma disimulada de decir todo lo contrario: «Ni se te ocurra contradecirme, porque ahora no es el momento».

Cuando alguien toma la decisión de dedicarse a la hotelería, se enfrenta a la tentación de simplificar una actividad que, aunque puede parecer sencilla, en realidad conlleva muchas variables a las que se debe prestar atención para no fracasar en los primeros pasos.

Mi experiencia como hotelero, después de tantos años, es lo suficientemente amplia como para destacar aspectos que considero cruciales. He pasado años gestionando un hotel de lujo, administrando sociedades gestoras de hoteles *boutique* urbanos y analizando operaciones de adquisición de negocios hoteleros. Mi intención con este manual es que puedas evitar algunos errores o, si los cometes, que el aprendizaje sea con el mínimo impacto posible. Así no tendrás que corregir nada, porque ya habrás considerado muchas variables que aquí se presentan (seguramente te encontrarás con algunas que no vienen en ningún manual).

Las diferentes acepciones de la palabra anglosajona *host* («anfitrión») me parecen muy acertadas para entender el rol del hotelero. Alguien que ejerce la hotelería desde una perspectiva emprendedora, gestionando a pie del cañón, se convierte en un anfitrión, pero también en un servidor, un presentador y un encargado.

Cuando era adolescente y mis padres me llevaban a algún restaurante, siempre me llamó la atención aquellos que exhibían fotos de famosos que se habían sentado en las mismas mesas en las que yo me encontraba. En casi todas esas fotos había un denominador común: el anfitrión rodeando con sus brazos a los comensales. Una instantánea en tiempos en los que la fotografía era más improvisada que ahora, que reflejaba fielmente lo que se espera en un lugar así: hospitalidad.

Espero no equivocarme y, si lo hago, será con la mejor intención. Deseo que todos los consejos en este manual te sirvan para alcanzar tus objetivos.

Una vez leí lo siguiente: «Las cosas bellas siempre están bien hechas; las bien hechas no tienen por qué ser bellas». Aplícalo. Es un método infalible. Ese es mi primer consejo.

**Nota del autor**: Este libro, concebido como un manual, fue escrito en el año 2024. Ten en cuenta la coyuntura económica y social del momento en que se gestó: inflación, cambios legislativos y otras transformaciones que, quizá, cuando lo leas, hayan evolucionado o desaparecido. El contexto marca el pulso de estas páginas; léelas con esa conciencia y, si es necesario, ajústalas mentalmente al presente en el que te encuentres.

# 1. Ser dueño de un hotel no te hace hotelero

Muchas personas fuera del sector hotelero tienden a pensar que, si alguien administra un hotel, también es el dueño, o viceversa: si eres el propietario, asumes la dirección del negocio. Sin embargo, la realidad es un poco más compleja:

- ▶ **Propietario:** es quien posee la sede física del hotel. En ocasiones también toma decisiones estratégicas y financieras, pero si solo es dueño del edificio y no se involucra en la gestión diaria, no podemos considerarlo un hotelero. Su rol es ser un inversor en un activo inmobiliario. Puede decidir gestionar el hotel por su cuenta, lo que lo convertiría en hotelero, o bien delegar la gestión a terceros a cambio de un retorno financiero pactado.

- ▶ **Gestor del hotel:** aunque hay propietarios que también se encargan de la gestión, es común que contraten a una empresa especializada o a una cadena hotelera para que maneje las operaciones diarias. Esta separación entre gestión y propiedad es clave, ya que facilita futuras ventas del negocio y aumenta el valor del inmueble.

- ▶ **Operadores:** gracias a ellos sucede la magia del día a día en un hotel. Los departamentos operativos son responsables de que todo funcione sin problemas. Desde la recepción, los servicios de alimentos y bebidas, la limpieza y el mantenimiento, hasta recursos humanos, seguridad, ventas, marketing, administración y gestión financiera, todos juegan un papel esencial para que la experiencia del huésped sea inolvidable.

El mercado español maneja estas referencias: solo el 50,8 % de los hoteles son gestionados por sus propios propietarios, mientras que el 28,3 % funcionan bajo un modelo de arrendamiento, el 13,1 % están gestionados por terceros y solo el 7,7 % operan bajo franquicias.

| POR HOTELES | | | | | | | | | | |
|---|---|---|---|---|---|---|---|---|---|---|
| | Franquicia | % | Alquiler | % | Gestión | % | Propio | % | Total | % |
| Economy | 48 | 25% | 62 | 9% | 44 | 13% | 53 | 4% | 207 | 8% |
| Midscale | 57 | 29% | 199 | 28% | 30 | 9% | 312 | 24% | 598 | 24% |
| Upscale & U.Upscale | 75 | 39% | 411 | 58% | 191 | 58% | 800 | 62% | 1.477 | 59% |
| Luxury | 14 | 7% | 40 | 6% | 66 | 20% | 116 | 9% | 236 | 9% |
| TOTAL | 194 | 100% | 712 | 100% | 331 | 100% | 1.281 | 100% | 2.518 | 100% |

| POR HABITACIONES | | | | | | | | | | |
|---|---|---|---|---|---|---|---|---|---|---|
| | Franquicia | % | Alquiler | % | Gestión | % | Propio | % | Total | % |
| Economy | 3,658 | 15% | 3,431 | 4% | 4,376 | 8% | 3,499 | 2% | 14,964 | 4% |
| Midscale | 5,614 | 23% | 19,013 | 20% | 3,926 | 7% | 46,668 | 21% | 75,221 | 19% |
| Upscale & U.Upscale | 12,215 | 50% | 63,961 | 69% | 35,412 | 65% | 147,954 | 67% | 259,542 | 66% |
| Luxury | 3,176 | 13% | 6,954 | 7% | 10,622 | 20% | 24,219 | 11% | 44,971 | 11% |
| TOTAL | 24,663 | 100% | 93,359 | 100% | 54,336 | 100% | 222,340 | 100% | 394,698 | 100% |

Tabla: Modelo de negocio hotelero en España. Informe de Hoteles y Cadenas 2021, por Horwath HTL, 2021, página 7

## 1.1. Modalidades de explotación hotelera

Estas opciones varían según los objetivos del propietario y los acuerdos alcanzados entre las partes. En España, los principales mecanismos legales para la explotación de un hotel son:

▸ **Propiedad y gestión directa:** el propietario no solo posee el hotel, sino que también asume su gestión, lo que incluye la contratación de personal, la gestión de reservas, el mantenimiento y todas las áreas operativas. El dueño se involucra directamente en la operación diaria.

▸ **Gestión hotelera o *management*:** el propietario contrata a una empresa especializada en la gestión hotelera para que se encargue de las operaciones. Es un acuerdo flexible, aunque complejo desde el punto de vista jurídico, ya que la compensación depende de los resultados obtenidos, como ingresos brutos o beneficios.

▸ **Arrendamiento de industria:** el propietario cede el hotel a un arrendatario que lo gestiona a cambio de una renta previamente establecida.

▸ **Franquicia hotelera:** es un modelo menos común en España. Permite al propietario otorgar a otra empresa el derecho de utilizar su marca y sistema operativo. A cambio, el franquiciado gestiona el hotel siguiendo los estándares y procedimientos del franquiciador.

A pesar de que los acuerdos de explotación y gestión suelen estar claramente definidos, es habitual que haya cierta confusión en torno a estos términos. A veces se interpreta la *explotación* como la optimización del valor del inmueble según el modelo acordado, mientras que la *gestión* se ve como el método para alcanzar ese fin. La mejor fórmula dependerá de múltiples variables: el conocimiento del sector, el riesgo fiscal y laboral que se asume, el acceso a capital propio y ajeno, y, por supuesto, la propiedad o no del inmueble. En muchos casos, el propietario es quien decide explotar el negocio.

Lo que intento transmitirte en este manual es que, independientemente de ser o no el propietario del inmueble, debes controlar todas las variables del negocio para evitar el fracaso.

Cuando el propietario gestiona el hotel, no solo asume el control, sino también los riesgos adicionales, como las cargas financieras más pesadas (alquiler, hipoteca o pago a los empleados). Esta situación es común en los hoteles familiares, aunque suele limitar su capacidad de expansión y escalabilidad. La reducción de costes se logra, a menudo, gestionando mejor los recursos humanos, donde la familia desempeña varios roles en la actividad, que pasa de una generación a otra.

En este manual, mi intención es que seas empresario sin trabajar en la gestión. Eres el dueño del negocio, no un director de hotel. Evidentemente, puedes ser lo que quieras, pero ¿te imaginas que los números te dan para solo tener que controlar tu negocio porque este funciona solo?

El gráfico a continuación muestra la influencia del sector hotelero en Europa. Cabe destacar el ejemplo de Italia, el país con más hoteles de Europa y, sin embargo, con una escasa presencia de cadenas hoteleras. Un claro síntoma del altísimo porcentaje de establecimientos gestionados por emprendedores individuales.

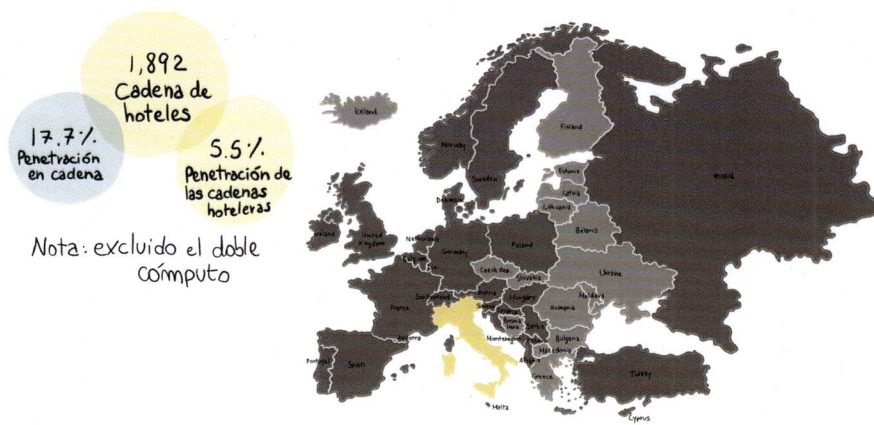

1,892
Cadena de
hoteles

17.7%
Penetración
en cadena

5.5%
Penetración de
las cadenas
hoteleras

Nota: excluido el doble
cómputo

El propietario también puede optar por afiliarse a una cadena hotelera, lo que le ofrece múltiples ventajas (como el acceso a sistemas de reservas, una central de compras, asesoramiento y programas de publicidad) a cambio de cumplir con ciertos estándares y de pagar las cuotas correspondientes. Estas ventajas pueden traducirse en un incremento de las ventas y una mejora en el posicionamiento del hotel en el mercado.

Dado que los contratos de afiliación no están específicamente regulados por la legislación española y son más habituales en los mercados anglosajones, ofrecen mayor flexibilidad comparado con los modelos de franquicia.

El contrato de franquicia cuenta con respaldo legislativo en España y está regulado por el Real Decreto 2485/1998. Las condiciones de una franquicia implican una relación más estrecha entre el propietario y el franquiciador, ya que todos los hoteles de la cadena deben compartir la misma imagen y procedimientos, lo que incluye la transmisión del *know-how*.

Además, este modelo conlleva compromisos financieros, como los *royalties*, que pueden ser tanto fijos como variables. Esto permite que el franquiciador participe en el éxito del franquiciado y asegura un crecimiento conjunto.

En cuanto a la gestión por terceros, el modelo más común es el contrato de *management* o de gestión. Aunque no era habitual en el mercado español, ha ganado popularidad a principios del siglo XXI, sobre todo en ciudades que buscan internacionalizarse a través de estrategias turísticas. Poner la bandera de una marca les ayuda a darse a conocer en el mercado.

Este modelo consiste en que una cadena hotelera gestione el hotel en nombre del propietario, a cambio de una compensación previamente acordada. Para las cadenas en expansión, este modelo es muy atractivo, ya que les permite minimizar los riesgos inherentes a la apertura de nuevos mercados, mientras el propietario ofrece su inmueble y lo acondiciona de acuerdo con las exigencias de la marca.

El propietario se beneficia de economías de escala que, de manera independiente, serían difíciles de alcanzar. Además, mejora su posicionamiento ante bancos, colaboradores y proveedores. Eso sí, debe entregar el hotel en perfecto estado y con un fondo de maniobra para las acciones acordadas en el contrato. Es importante subrayar que cualquier limitación de los gastos fijos o variables debe quedar bien especificada en el contrato, y el propietario es quien asume estas responsabilidades. Este punto es, en ocasiones, motivo de discordancia entre las partes.

A todas estas obligaciones se suma un aspecto clave: el sistema de remuneración del gestor. Las partes tienen libertad para negociar el esquema de pago que mejor se ajuste a sus necesidades. Este suele consistir en un porcentaje sobre los ingresos brutos mensuales, que oscila entre el 2 % y el 3 %, o sobre los beneficios de la explotación, que suele rondar el 10 %. Este acuerdo garantiza que el gestor tenga un incentivo económico directo ligado al éxito del negocio.

Al igual que con los contratos de afiliación, en España no existe una regulación específica para este tipo de contratos de gestión. Por eso, es esencial que el contrato refleje claramente las obligaciones, derechos y expectativas económicas de ambas partes. Dichas expectativas suelen estar ligadas a un presupuesto anual. Además, es importante definir el proceso de aprobación y validación del contrato para garantizar su continuidad.

En cuanto a las modalidades de gestión hotelera, también resulta fundamental considerar aquellos modelos que se apartan de los contratos tradicionales de arrendamiento, como el fenómeno Airbnb y otras nuevas formas de hospedaje.

Ahora nos centraremos en el **arrendamiento de industria**. Intentaré darte las claves para que tu visión como emprendedor hotelero sea más llevadera y no cometas errores que pueden parecer obvios, pero que la experiencia demuestra que muchos cometen por no prestarles atención o por no interrelacionarlos. Espero ayudarte y darte los ánimos suficientes para dar el primer paso.

## 2. Alquila un hotel y conviértete en hotelero

Vuelvo a repetirlo: no es necesario ser el dueño del edificio para llevar con orgullo la etiqueta de hotelero. De hecho, alquilar un hotel y gestionarlo es una excelente puerta de entrada al mundo de la hospitalidad, y lo mejor es que no necesitas una gran fortuna para lograrlo. El modelo de arrendamiento de industria te permite hacerte cargo de un hotel que ya está en funcionamiento, asumir el control de las operaciones y, lo más interesante, convertirte en hotelero sin la preocupación de tener que invertir en la propiedad del inmueble.

Esto no significa que sea un camino fácil. Alquilar un hotel trae consigo complejidades y responsabilidades, pero también puede ser una fórmula perfecta para los que prefieren centrarse en la gestión del negocio sin las cargas que conlleva ser propietario. El verdadero desafío está en saber cómo aprovechar al máximo una estructura que ya existe y hacerla funcionar a tu favor.

En este capítulo, te explicaré en detalle cómo funciona este modelo, qué implica firmar un contrato de arrendamiento de industria y, lo más importante, cómo transformar ese arrendamiento en un negocio rentable y exitoso. Porque no se trata solo de tener las llaves del hotel, sino de saber exactamente qué hacer una vez que las tengas en la mano. Si te preguntas si esta es tu oportunidad para convertirte en hotelero, sigue leyendo: este manual está aquí precisamente para ayudarte a descubrirlo.

Es difícil establecer un orden claro de prioridad entre las distintas claves que influyen en el éxito de un hotel. Dependiendo del tipo de establecimiento (ya sea un hotel de playa, urbano o rural), del mercado en el que se encuentre y del público al que va dirigido, el peso de cada factor puede variar. Sin embargo, desde un enfoque integral, todas las claves son igual de importantes para responder a la gran pregunta: **¿cuál es el verdadero potencial del negocio?** Es esencial evaluar cada aspecto evitando que decisiones impulsivas, intuiciones, opiniones de terceros o estados emocionales interfieran en el análisis. Así que, sin más preámbulos, vamos al grano.

## 2.1. El peso del alquiler: importe, duración, tipo de habitaciones y otros

El alquiler es, sin duda, una variable con mayor influencia en la gestión de un hotel. A menudo, el alquiler es lo primero que se evalúa para decidir si un proyecto es viable o no. Y la razón es sencilla: los hoteles en propiedad o bajo alquiler tienden a generar más ingresos que aquellos gestionados bajo modelos como franquicias o contratos de gestión.

En términos prácticos, la renta anual del alquiler se establece generalmente en un contrato. Una forma útil de evaluar su impacto es dividir esa cantidad por el número de habitaciones del hotel. Esto nos da el coste anual por habitación, una cifra clave para ver de forma clara cuánto influye el alquiler en el rendimiento financiero del negocio. Por ejemplo, si el contrato de alquiler de un hotel de 4 estrellas —llamémosle Hotel A (4*)— es de 1.000.000 € al año y tiene 80 habitaciones, el coste por habitación sería de 12.500 €. Este cálculo tan sencillo ayuda a comparar tu situación con la de otros hoteles en la misma zona y determinar si estás pagando una cifra justa o si la relación calidad-precio del alquiler es adecuada.

Tal referencia también es fundamental para entender el valor real de un hotel mediante análisis inmobiliarios especializados. A menudo, se compara el precio de venta de inmuebles similares con la renta que se aplicaría si estuvieran alquilados. Así se obtiene una rentabilidad aproximada del 7 %, que es lo que se destila en el mercado inmobiliario inversor. Esto te ayudará a evaluar si el alquiler que estás pagando o negociando se alinea con las expectativas del mercado.

El negocio hotelero es, en gran medida, un negocio de escalabilidad. ¿Qué significa esto? Pues que los costes fijos (como el personal) tienden a ser muy similares, ya sea que gestiones un hotel de 40 habitaciones o uno de 60. La gran diferencia está en los ingresos: cuantas más habitaciones puedas vender, mayores serán los ingresos potenciales. Y aquí es donde radica la verdadera oportunidad. Aunque los costes fijos se mantengan estables, los ingresos pueden variar significativamente según el número de habitaciones que consigas ocupar.

Por ejemplo, si el Hotel A (4*) tiene ingresos proyectados de 2.000.000 € en un ejercicio fiscal y el alquiler anual es de 1.000.000 €, el alquiler representaría el 50 % de los ingresos. A simple vista, este porcentaje parece preocupante, ya que dejaría poco margen para cubrir otros gastos y obtener beneficios. Esto podría poner en riesgo el flujo de caja del hotel, algo que analizaré con detalle más adelante.

Al analizar los valores de un hotel, enfócate exclusivamente en los ingresos por la venta de habitaciones. Algunos hoteles optan por incluir el desayuno en el precio como parte de una estrategia temporal para atraer más reservas, pero esto puede distorsionar los cálculos finales.

En el modelo que evalúo, el desayuno es una variable independiente. El operador tiene la opción de incluirlo o no en el precio,
pero lo fundamental es que mantenga un control separado sobre este concepto. ¿Por qué es tan importante esta separación?
Aunque el desayuno puede ser un valor añadido atractivo, el corazón de tu negocio sigue siendo la venta de habitaciones. Tra-
tar el desayuno como un concepto independiente te permitirá
obtener una visión mucho más clara y precisa de los márgenes
reales del hotel. Al tener este control desglosado, podrás ajustar
tus estrategias de manera más efectiva, siempre con el objetivo
principal en mente: **maximizar los ingresos provenientes de
las habitaciones.**

Otro punto clave es que, en el sector hotelero, los análisis financieros se deben basar en el valor neto, lo que significa que
todas las deducciones necesarias ya están descontadas. El IVA
afecta al flujo de caja del hotel y se aplica a cada factura de
alquiler. Actualmente, en España, el tipo aplicable es del 21 %,
y es fundamental considerarlo cuando calculas los gastos reales. Lo mismo respecto a tus ingresos: no establezcas como cifra de facturación una suma que lleve el IVA incluido. Aunque
en España está reducido al 10 %, distorsiona tu percepción del
negocio. No es lo mismo decir que has facturado 1.000.000 €,
incluyendo el IVA, que decir que has facturado 909.090,91 €,
que sería la realidad de las ventas de tu negocio, dado que re-
percute un IVA de poco más de 90.000 € por la actividad. ¡Ojo
con esto!

Los pagos de alquiler suelen realizarse de manera mensual o tri-
mestral, y dependen en gran medida de la estacionalidad del
hotel y su ubicación. Esta flexibilidad en los pagos está pensada

para proteger la liquidez del negocio en momentos en que, por ejemplo, la demanda es baja; así se evita que una baja ocupación afecte al flujo de caja.

Imposible olvidar que la inflación influye en la actualización anual del alquiler. Las variaciones del IPC (Índice de Precios al Consumo) afectan a la renta, algo que está regulado por la Ley de Arrendamientos Urbanos (LAU). Este ajuste anual puede tener un impacto significativo en los gastos financieros, por lo que es esencial incluir esta variable en las proyecciones económicas a largo plazo.

En algunos casos, para hacer que los ingresos resulten más atractivos para el propietario y reducir el riesgo financiero del arrendatario, se introducen fórmulas mixtas en los contratos de alquiler. Se pacta una renta mínima fija (conocida como «renta suelo») combinada con una parte variable, calculada como un porcentaje de los ingresos netos del hotel, que suele oscilar entre el 22 % y el 30 %, dependiendo de lo que se acuerde.

De esta forma, si la parte variable supera la renta fija, el nuevo importe a pagar será la parte variable, lo que puede ser ventajoso tanto para el propietario como para el gestor en años de alta ocupación o cuando los ingresos del hotel sean más elevados. En el Hotel A (4*), utilizo el 25 % como referencia; me enfoco en los ingresos provenientes de la venta de habitaciones.

Es importante subrayar que estos ingresos, conocidos como RevPAR (*Revenue per Available Room*), hacen referencia exclusivamente al dinero obtenido por la ocupación de habitaciones. No incluyen servicios adicionales que puede ofrecer el hotel, como el restaurante, el spa o la organización de eventos. Así puedes medir la rentabilidad del negocio en su aspecto más esencial: la venta de habitaciones.

$$RevPAR = \frac{Ingreso\ total\ por\ habitaciones}{Total\ habitaciones\ disponibles}$$

El RevPAR, junto con el grado de ocupación (expresado como porcentaje en relación con la cantidad de habitaciones disponibles) y los ingresos medios diarios por habitación ocupada (conocidos como Tarifa Media Diaria o ADR), son los tres indicadores clave para medir la rentabilidad básica. Estos elementos ofrecen una visión integral de cómo está funcionando el hotel en términos de ingresos y ocupación.

Tanto el RevPAR como el ADR facilitan el proceso de ajustar precios, mejorar la gestión de la ocupación o identificar oportunidades de optimización. En el próximo apartado, profundizaré en la importancia del ADR, ya que su análisis permite entender cómo maximizar la rentabilidad de un hotel.

Otro indicador financiero para evaluar la rentabilidad de un hotel es el Margen de Explotación. Este refleja la diferencia entre los ingresos generados por la operación del hotel y los costes asociados, como los gastos de personal, mantenimiento, servicios y otros gastos operativos. El Margen de Explotación depende de varios factores, como el grado de ocupación, los gastos operativos y los ingresos adicionales provenientes de otros servicios del hotel.

$$Porcentaje\ de\ Ocupación = \frac{Número\ de\ habitaciones\ ocupadas}{Número\ de\ habitaciones\ disponibles} \times 100$$

Este indicador es fundamental para comprender la salud financiera de un hotel: indica si el negocio es rentable o no. Al valorar un alquiler basado en una combinación de renta fija y variable equivalente al 25 % de los ingresos, podemos establecer un Margen de Explotación que nos proporcione una visión clara de cuánto queda después de cubrir los costes fijos y variables. Un Margen de Explotación adecuado te permitirá gestionar el hotel con tranquilidad. Sabrás que el negocio genera beneficios sostenibles a largo plazo.

| | | |
|---|---|---|
| Margen explotación | | 1.533.439 |
| Renta | | -1.000.000 |
| Renta fija | 1.000.000 | -1.000.000 |
| Renta variable | 25% | -822.255 |
| EBITDA | | 533.439 |

En el mercado español, se debe considerar la duración del contrato de alquiler, especialmente cuando se negocia con grandes cadenas hoteleras. En general, los contratos se establecen por un mínimo de 20 años, ya que el arrendatario necesita un plazo suficiente para recuperar la inversión realizada o las futuras inversiones a las que se compromete. Este tipo de inversión incluye, en algunos casos, el pago de un traspaso (es decir, la compra del contrato al gestor anterior), la renovación de instalaciones o mobiliario debido al desgaste y la optimización de recursos, como la gestión de la plantilla subrogada o posib es indemnizaciones por despido.

Otra variable a considerar en el cálculo del alquiler es el inventario de habitaciones, es decir, el tipo y la distribución de las habitaciones del hotel. No es lo mismo gestionar un hotel con muchas habitaciones individuales que uno con una oferta más diversificada. En el caso del Hotel A (4*), si el inventario de habitaciones está equilibrado, puede mejorar significativamente el rendimiento, sobre todo si la oferta está alineada con las demandas del mercado.

Por ejemplo, en el turismo MICE (congresos, eventos, reuniones de negocios), los clientes suelen preferir habitaciones más pequeñas, ya que su estancia es corta y funcional. Por el contrario, en mercados como el turismo familiar vacacional, la demanda se inclina hacia habitaciones más grandes, como triples o cuádruples, que puedan alojar cómodamente a toda la familia. Ajustar el inventario de habitaciones según la demanda es importante para maximizar la ocupación y, por ende, los ingresos.

Otro aspecto crucial en los contratos de arrendamiento de un hotel es la posible exigencia de una fianza o depósito de caución. Esta garantía está diseñada para cubrir los riesgos de incumplimiento por parte del arrendatario frente al propietario. En muchos contratos de arrendamiento de industria, que abarcan tanto el edificio-hotel como los bienes muebles que forman parte del negocio (incluido el personal), estas garantías suelen ser un estándar.

El contrato de arrendamiento de industria se rige por el Código Civil, aunque, en la práctica, los acuerdos entre las partes definen las condiciones específicas del contrato, ya que la regulación no es tan estricta. Por ejemplo, aunque la Ley de Arrendamientos Urbanos (LAU) establece que la fianza debe cubrir al menos dos meses de alquiler, en los contratos de arrendamiento de hoteles es común que se solicite una fianza equivalente a seis meses de renta. Esto ofrece una mayor seguridad al propietario frente a posibles incumplimientos, aunque también supone un desembolso inicial considerable para el arrendatario, que debe contemplarlo en su planificación financiera.

Siguiendo con el ejemplo del Hotel A (4\*), en el que el contrato de arrendamiento es de 1.000.000 € al año, el aval requerido podría ser de 500.000 €. Aunque esta cantidad no es un coste directo, impacta la planificación financiera inicial. Al tratarse de un aval, genera gastos financieros. Estos gastos suelen estar respaldados por una entidad financiera, lo que implica el pago de intereses que pueden afectar la liquidez y la maniobrabilidad del flujo de caja durante las primeras etapas del negocio.

| | 2025 | 2026 | 2027 | 2028 | 2029 |
|---|---|---|---|---|---|
| **Control** | | | | | |
| Aval | 1 | 1 | 1 | 1 | 1 | 1 |
| Años (activos) | 20 | 1 | 1 | 1 | 1 | 1 |
| **Métricas Operativas** | | | | | |
| Inflación (FMI –obj:8CE) | 4,3% | 3,2% | 2,0% | 2,0% | 2,0% |
| Inflación acumulada | 1,00 | 1,03 | 1,05 | 1,07 | 1,10 |

Por ejemplo, en un escenario en el que se aplique una tasa de interés (TAE), el gasto financiero adicional podría ser de unos 7500 €, lo que aumenta la presión sobre el arrendatario en un momento clave de la operación. Este tipo de compromisos financieros requieren una planificación cuidadosa para asegurarse de que el negocio pueda funcionar de manera eficiente, sin comprometer la liquidez necesaria para las operaciones diarias.

**AVAL**

| | |
|---|---|
| Tipo de aval | Variable |
| Capital avalado | 500.000 |
| Tipo de interés (TAE) | 2% |
| Cantidad fija | 20.000 |
| Gasto financiero a modelo | 7.500 |

En resumen, para evaluar la viabilidad de una operación hotelera desde el inicio, creo necesario analizar varios factores clave: la relación entre el importe total del alquiler y el número de habitaciones, la duración del contrato y si es necesario o no aportar un aval como parte del acuerdo. Estos elementos, cuando se combinan, proporcionan una visión clara de la carga financiera que implicará el arrendamiento, lo que permite determinar si el hotel puede operar de manera rentable a largo plazo. Considerar cada uno de estos factores desde el principio es crucial para evitar sorpresas financieras y asegurar que el negocio tenga una base sólida para crecer.

## 2.2. El peso del ADR, la ocupación y la localización

Como mencioné en el punto anterior, la Tarifa Media Diaria (conocida también como ADR, por sus siglas en inglés, *Average Daily Rate*) es uno de los indicadores más utilizados en la industria hotelera para medir el precio promedio que se paga por habitación ocupada en un día específico. Este dato permite evaluar el desempeño financiero de un hotel, ya que te ofrece una visión clara de cuánto están dispuestos a pagar los clientes por cada habitación que reservas.

El ADR se calcula dividiendo el total de los ingresos obtenidos por las habitaciones (es decir, los ingresos por las noches de hotel vendidas) entre el número de habitaciones ocupadas durante un periodo concreto. Esta métrica es fundamental para cualquier hotelero que quiera ajustar sus tarifas, maximizar ingresos y asegurarse de que el precio que cobra está alineado con la demanda del mercado.

$$ADR = \frac{Ingreso\ total\ por\ habitaciones}{Total\ habitaciones\ ocupadas}$$

Siguiendo con el caso hipotético del Hotel A (4*), si este hotel genera un total de 11.200 €/día en ingresos por la venta de 80 habitaciones, el ADR resultante sería de 140 €. Este número te dice, de forma simple, cuánto está dispuesto a pagar un cliente promedio por una noche en tu hotel. Pero el ADR, por sí solo, no es suficiente para tener una visión completa del rendimiento del hotel. Es por eso que suele usarse junto con otros indicadores clave, como la tasa de ocupación y el RevPAR.

Uno de los errores más comunes es asumir que el ADR crecerá indefinidamente año tras año. Lo mismo sucede con la ocupación, que tiene un límite, ya que no puedes vender más habitaciones de las que tienes. Por ejemplo, en el caso del Hotel A (4*), si se opera al 100 % de ocupación durante todo el año, el total de pernoctaciones sería de 29.200 (80 habitaciones x 365 días). Este tipo de crecimiento es difícil de mantener y, en la mayoría de los casos, es poco realista.

Aunque el ADR pueda parecer un concepto sencillo, es una de las métricas más delicadas a la hora de hacer proyecciones financieras para un hotel. Cuando los mercados están en alza, es fácil caer en el optimismo y suponer que el ADR seguirá creciendo. Sin embargo, el mercado turístico es volátil, y es común que surjan momentos de crisis o desaceleración, lo que puede afectar gravemente el rendimiento de un hotel.

Evita sorpresas haciendo un análisis detallado de las proyecciones de ingresos basadas tanto en el ADR como en la tasa de ocupación. Esto te permitirá entender mejor el peso que tiene el alquiler en el balance financiero del hotel, especialmente si estás operando bajo un contrato de arrendamiento de industria. De nada sirve negociar una renta favorable si no tienes una idea clara de cuánto puede generar realmente tu hotel. Y viceversa: no puedes proyectar ingresos sin conocer el impacto que el alquiler tendrá en tus resultados.

El alquiler no debería representar más del 25 % de los ingresos netos del hotel. Si el alquiler supera este umbral, debería justificarse, ya sea porque hay un componente de renta variable o porque el hotel tiene un potencial de negocio muy alto. En cualquier caso, si el alquiler empieza a acercarse al 30 %, el modelo financiero se vuelve más arriesgado y la rentabilidad podría verse comprometida.

Al hacer proyecciones, no caigas en la tentación de suponer ocupaciones superiores al 90 %, ya que estas cifras son poco realistas en la mayoría de los casos. De hecho, la ocupación hotelera en España rara vez supera el 80 %. Proyecciones demasiado optimistas pueden poner en peligro la viabilidad de tu proyecto desde el principio.

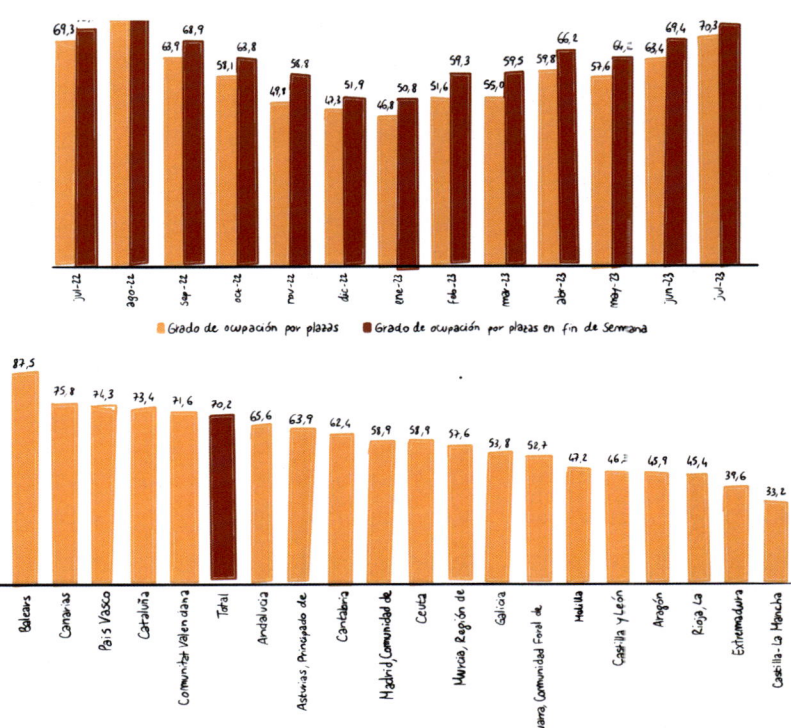

Grado de ocupación por plazas ■ Grado de ocupación por plazas en fin de Semana

Esta tendencia puede explicarse porque la gestión saludable de un hotel debe tener en cuenta todas las incidencias que pueden surgir a lo largo del tiempo. Factores como la fluctuación del mercado, la estacionalidad y situaciones inesperadas (como averías o problemas técnicos) afectan al rendimiento diario del hotel. Además, gestionar un hotel implica mantener un equilibrio: ofrecer un buen servicio sin sobrecargar los recursos ni exigir ocupaciones demasiado altas para sostener la viabilidad del negocio. Proyectar ocupaciones demasiado altas no es una estrategia realista ni sostenible.

Analiza el histórico de ocupación y el ADR de otros hoteles de la misma categoría y localización para asegurarte de que las expectativas de tu plan de negocio son realistas y están alineadas con el mercado. Para esto, en la industria hotelera existen herramientas especializadas, como el CompSet (Set Competitivo), que te permiten comparar el rendimiento de tu hotel con el de los competidores directos de la misma zona. El CompSet recopila datos clave, como el ADR, la ocupación, el RevPAR y las tarifas promocionales. Al usar esta herramienta, puedes ajustar tus estrategias para maximizar ingresos y mejorar tu competitividad.

Ten en cuenta, además, la localización de hotel cuando analices el alquiler. Ignorar este factor sería un gran error, ya que una buena localización puede marcar una gran diferencia en el tráfico de clientes. El concepto de una «buena localización» varía según el tipo de cliente y el propósito del viaje, pero generalmente se refiere a la cercanía de los puntos de interés principales en una ciudad o provincia. Esta proximidad genera un mayor flujo de clientes, lo que normalmente se traduce en una mayor ocupación.

La sensibilidad al precio y el aumento del ADR también están relacionados con la localización. Un hotel bien ubicado podrá cobrar precios más altos, ya que los clientes valoran la comodidad de estar cerca de lugares atractivos. Aunque ofrezcas un servicio excelente, una mala localización puede penalizar la valoración global de tu producto.

En resumen, existe una relación directa entre la localización, la ocupación y el ADR. Estos tres factores trabajan en conjunto y tienen un impacto significativo en los ingresos netos del hotel y en la viabilidad del alquiler. La localización influye en la capacidad de atraer más tráfico de clientes, lo que, a su vez, afecta a la ocupación y a la capacidad del hotel para ajustar sus tarifas. Un hotel bien ubicado puede justificar un ADR más alto, mientras que uno en una ciudad secundaria o mal conectada tendrá que ajustar sus expectativas, ya que no podrá competir con destinos de primer nivel.

Si analizamos el caso de España, es evidente que, por muy buenas que sean las condiciones de un contrato de alquiler, si la localización no es ideal, afectará gravemente tanto al ADR como a la ocupación. Cuando la oferta de habitaciones es mayor que la demanda, la competencia puede llevar a una caída en los precios, lo que influye en la rentabilidad del hotel.

Por todo lo dicho, el modelo planteado del Hotel A (4*) se basa en un ADR de 140 € y una ocupación del 80 %. Tales cifras se ajustan según los cambios que pueda generar la inflación. Aunque prever con exactitud el ADR a 10 años es complicado, estos valores se sitúan en un escenario optimista, basándose en máximos tanto a nivel nacional como internacional. En este contexto, es importante mantener una proyección realista y estar preparado para ajustar las tarifas según las tendencias del mercado y la inflación.

## 2.3. El peso del personal

Después de analizar el impacto del alquiler en la viabilidad de un hotel, otra variable fundamental en el contrato de arrendamiento de industria es la subrogación del personal. Es decir, la transferencia de los derechos y obligaciones laborales de los empleados de la empresa anterior a la nueva empresa que gestiona el hotel. Esto implica que los trabajadores mantienen sus derechos laborales, tales como la antigüedad, los salarios y los beneficios, bajo las mismas condiciones que tenían antes.

La subrogación es un proceso regulado por el artículo 44 del Estatuto de los Trabajadores y es muy común en la gestión hotelera. El negocio sigue existiendo; solo cambia de manos. En este contexto, el personal del hotel bajo la antigua gestión es absorbido por el nuevo operador, quien asume todas las responsabilidades laborales. Por lo tanto, antes de embarcarse en la operación de un hotel, analiza el coste de la partida salarial del personal subrogado y sus implicaciones.

El coste del personal puede variar enormemente dependiendo de la estructura del equipo. En algunos casos, los hoteles familiares tienden a tener estructuras ligeras de personal, mientras que los hoteles gestionados por cadenas o con experiencia en el sector pueden tener equipos más optimizados o incluso sobrecargados, especialmente si cuentan con empleados con alta antigüedad o no han ajustado su plantilla a las necesidades actuales del negocio. Todo esto debe ser evaluado antes de asumir la operación de un hotel.

Además, es importante tener en cuenta las exigencias legales relacionadas con la categoría del hotel. Si se inicia la operación desde cero, se puede optar por contratar nuevo personal sin antigüedad y ajustar los salarios según el convenio del sector, lo que podría ofrecer más flexibilidad en el control de costes.

Considera también el servicio de limpieza. En España, es común que este servicio se externalice para reducir costes. Esto permite al operador contratar empresas externas que gestionan a los empleados de limpieza y ajustar los costes en función de la región y de si el pago se basa en horas trabajadas o por habitación limpia.

La externalización del servicio de limpieza presenta algunas ventajas, principalmente financieras, ya que reduce los riesgos asociados con indemnizaciones, despidos o bajas laborales. Además, es a menudo bien vista en las negociaciones para la adquisición de un hotel, ya que simplifica la estructura de costes y riesgos del personal.

Sin embargo, este enfoque tiene también sus desventajas. Al externalizar el servicio, el operador pierde cierto control sobre la calidad del trabajo. La alta rotación de empleados en estas empresas de limpieza puede impactar en el compromiso y la calidad del servicio que se ofrece a los huéspedes. Además, el trabajo en equipo y las sinergias dentro del personal pueden verse afectadas, lo que puede influir negativamente en la experiencia global del cliente.

A modo de referencia, el salario promedio de un empleado de limpieza en España ronda los 16.000 € al año o 8,21 € por hora, aunque en el sector hotelero los costes pueden ascender a 20 € por hora. En nuestro modelo, establecemos un coste estimado de 10 € por habitación limpia, asumiendo que el servicio se realiza de manera eficiente en una hora. Aplicando este coste al Hotel A (4*), con una ocupación del 80 %, tendríamos que limpiar un total de 23.360 habitaciones al año (80 habitaciones x 365 días x 80 % de ocupación). El coste de limpieza total sería reflejado como gasto de explotación en la siguiente tabla.

| Gastos explotación | | -1.755.582 |
|---|---|---|
| Personal propio | 444.385 | -444.385 |
| Personal externo limpieza | 10 | -233.600 |

En el sector hotelero español, todos los establecimientos de esta categoría (recordemos que estamos analizando un hotel de cuatro estrellas) deben garantizar un servicio de recepción las 24 horas, independientemente de la legislación autonómica que regule el turismo en cada región. Este requisito es fundamental y afecta a los costes de personal. Sin importar el número de habitaciones del hotel, siempre será necesario contar con un equipo que cubra el servicio los 365 días del año.

El cálculo del número de empleados necesarios para cubrir una recepción 24/7 es bastante sencillo. Según los convenios del sector, se necesitan al menos cinco recepcionistas: un jefe de recepción, un segundo jefe de recepción, un recepcionista, un ayudante de recepción y un auxiliar de recepción. Este personal mínimo garantiza que la recepción esté siempre operativa, independientemente del tamaño del hotel.

En el caso del Hotel A (4*), para optimizar los recursos sin incurrir en excesivos costes, propongo una estructura más orgánica y simplificada, formada por el siguiente equipo:

- ▸ 1 director
- ▸ 1 jefe de recepción
- ▸ 5 recepcionistas
- ▸ 1 jefe de mantenimiento
- ▸ 1 ayudante de mantenimiento
- ▸ 1 administrativo
- ▸ 4 camareros

Este modelo se basa en una estructura ajustada a las necesidades del hotel, considerando el tipo de servicio que se quiere ofrecer a los clientes, la categoría del hotel, el número de habitaciones y las horas en las que se produce un mayor volumen de llegadas y salidas (*check-in* y *check-out*).

La estructura fija de empleados del Hotel A (4*) convivirá con una estructura variable, en la que destaca el servicio de limpieza subcontratado y el personal encargado de los desayunos. Este modelo flexible permite ajustar los costes según las necesidades del hotel, y, aunque algunos operadores prefieren externalizar todo el servicio, he decidido mantener una plantilla fija de cuatro camareros. Estos trabajadores estarán contratados de forma permanente debido a la complejidad en la preparación del desayuno y la cantidad de comensales a atender, que estimo en 160 desayunos diarios (80 habitaciones con una ocupación promedio de 2 personas por habitación).

Tal tipo de decisiones, como la contratación directa o subcontratada, varía según las preferencias de cada operador. En el Hotel A (4*), se opta por una plantilla interna de 14 personas. Solo se ha externalizado el servicio de limpieza. Además, se respetarán los valores salariales establecidos por el convenio colectivo de hostelería más reciente, como el registrado en 2023, aplicable a la Comunidad de Madrid y otras regiones clave.

A continuación, presento el coste anual de cada partida relacionada con la plantilla de empleados, calculado en función del convenio regulador aprobado recientemente en la Comunidad de Madrid. Esta información ofrece una visión clara de los gastos asociados a la gestión de personal, lo que permite prever y controlar los costes laborales de manera eficiente.

**GASTO PERSONAL PROPIO**

| Cantidad (FTE) | |
|---|---|
| Director de hotel | 1 |
| Jefe de recepción | 1 |
| 2º Jefe de recepción / Gobernante | 0 |
| Recepcionista / Of. Admon / Comercial / Jefe Mto. | 6 |
| Espec. Mto. / Ayte. Recep. / Aux. Admon / Cocinero / Camarero | 2 |
| Camarero Piso / Ayte. Camarero / Ayte. Coci a / Aux. Recep / Vigila te Noche / Mozo | 4 |
| Otros | 0 |
| **Coste por FTE** | |
| Director de hotel | 44.037 |
| Jefe de recepción | 34.868 |
| 2º Jefe de recepción / Gober a te | 32.707 |
| Recepcio ista / Of. Admon / Comercial / Jefe Mto | 32.707 |
| Espec. Mto. / Ayte. Recep. / Aux. Admon / Cocinero / Camarero | 28.937 |
| Camarero Piso / Ayte. Camarero / Ayte. Cocina / Aux. Recep / Vigila te Noche / Mozo | 27.841 |
| Fregador / Personal de limpieza / Aux. mto | 27.841 |
| **Gasto personal propio** | **444.385** |

## 2.4. La comercialización: OTA, canal directo y la influencia del desayuno

En el capítulo sobre el peso del alquiler, ya mencioné el ingreso variable que representa el servicio de desayuno. En la gestión hotelera, el desayuno juega un papel crucial, especialmente cuando se incluye bajo el régimen de Alojamiento y Desayuno (AD). En este escenario, el gestor hotelero debe tener en cuenta los costes que conlleva ofrecer este servicio, no solo por la materia prima, sino también por los recursos humanos necesarios para su preparación y atención, como camareros y personal de limpieza.

Optimizar los costes del desayuno es uno de los grandes desafíos del sector. Cuando el desayuno está incluido en el precio de la estancia, como he decidido para el Hotel A (4*), los ingresos no aumentan, pero los costes se incrementan significativamente. Decidir si el desayuno se incluye o no puede depender de diversas variables: desde lo que hacen los competidores hasta la oferta gastronómica local o las dificultades para encontrar proveedores que ofrezcan una buena relación calidad-precio.

En el Hotel A (4*), el desayuno estará incluido en el precio de la habitación. Aunque no todos los huéspedes suelen consumirlo, asumo una ratio 1:1, es decir, que cada huésped hace uso de este servicio. Para este análisis, calculo un coste de materia prima de 3,5 € por desayuno, lo cual es el estándar en hoteles de esta categoría en España, en los que los costes de desayuno suelen estar entre 3 y 4 €. De esta manera, puedo evaluar el impacto de este coste en la cuenta de resultados del hotel.

Para simplificar el modelo sin entrar en demasiados detalles sobre habitaciones individuales, triples o cuádruples, vamos a suponer que todas las habitaciones del Hotel A (4*) son dobles. Esto significa que la ratio de ocupación debe multiplicarse por dos para obtener el número total de huéspedes que harán uso del desayuno.

Por ejemplo, si el hotel tiene 80 habitaciones y se asume una ocupación del 80 %, esto se traduce en 64 habitaciones ocupadas. Como he establecido que cada habitación está ocupada por dos personas, el total de huéspedes sería 128 clientes. Si aplico el coste de 3,5 € por desayuno, el gasto diario en desayuno sería de 448 €.

Siguiendo con el análisis de los factores que afectan la gestión financiera y la comercialización del hotel, debo hablar de las agencias de viajes en línea (OTA, por sus siglas en inglés *Online Travel Agency*). Las OTA juegan un papel crucial en los costes variables del hotel, especialmente en lo relacionado con la comercialización y venta directa. Estas plataformas permiten a los usuarios buscar, comparar y reservar hoteles de manera sencilla, lo que las ha convertido en una herramienta indispensable en el sector.

Entre las OTA más conocidas, figuran Booking.com, Expedia y Airbnb, plataformas que ofrecen una gran conveniencia tanto para los usuarios como para los hoteleros. A través de una sola plataforma, el cliente tiene acceso a una amplia gama de opciones, lo que incrementa la visibilidad del hotel. Sin embargo, este beneficio tiene un coste. Las OTA suelen cobrar comisiones que pueden variar entre el 15 % y el 25 % sobre el precio de cada reserva.

La revolución digital ha transformado cómo se gestionan y comercializan los servicios hoteleros. Hace no tanto tiempo, las agencias de viajes tradicionales y los *touroperadores* dominaban el mercado de las reservas, gestionando todo a través de contratos físicos y acuerdos con hoteles. Con el auge de internet, el panorama cambió por completo. Hoy en día, los hoteles deben competir en un escaparate global; las páginas web son las nuevas vitrinas, las redes sociales funcionan como catálogos y los asistentes virtuales y chats automatizados reemplazan al comercial tradicional.

La llegada de las OTA ha creado un nuevo escenario: estas plataformas se han consolidado con una posición casi monopolista. Gracias a su acceso a una inmensa base de datos de usuarios y su capacidad para ofrecer múltiples opciones de hoteles en un solo lugar, estas plataformas han cambiado por completo el modelo de venta.

El mayor desafío para los hoteleros es cómo equilibrar la visibilidad que ofrecen estas plataformas con el coste elevado de las comisiones. A pesar de que las OTA son extremadamente útiles para generar reservas, especialmente en temporadas bajas o en momentos donde es difícil llenar las habitaciones, depender únicamente de ellas puede no ser rentable a largo plazo. La estrategia ideal es intentar reducir la dependencia de estas plataformas y aumentar las reservas directas.

En este contexto, potenciar el canal directo se convierte en una prioridad para muchos hoteles. El canal directo incluye todas las reservas que se realizan a través de la página web del hotel, su sistema de reservas o mediante acuerdos directos con clientes corporativos o particulares. Los hoteles pueden beneficiarse al gestionar sus propias estrategias de marketing digital y fortalecer su marca propia. Con una inversión adecuada en una página web optimizada y la implementación de campañas SEO y publicidad digital, los hoteles pueden atraer tráfico directo y evitar pagar las comisiones a las OTA.

El canal directo da la oportunidad de personalizar la experiencia del cliente desde el primer contacto, algo que no siempre es posible a través de intermediarios. Además, los hoteles pueden ofrecer incentivos como tarifas más bajas, mejoras en las habitaciones o ventajas adicionales (como desayuno gratuito o *check-out* tardío) para fomentar las reservas directas.

Otro punto relevante es la importancia de la relación directa con agencias corporativas, organizadores de eventos o incluso turistas recurrentes. Mantener estos lazos puede garantizar una mayor estabilidad en la ocupación sin depender tanto de las fluctuaciones del mercado en las OTA. Este enfoque basado en contratos tradicionales o acuerdos a largo plazo sigue siendo una herramienta valiosa para equilibrar el *mix* de clientes.

Por todo lo expuesto, queda claro que encontrar el equilibrio entre los canales de venta y la optimización de los costes es crucial para que la cuenta de resultados del hotel no se vea comprometida. Las comisiones de las OTA pueden desvirtuar los márgenes de beneficio; por ello, resulta fundamental aplicar herramientas y estrategias que minimicen ese impacto.

Entre las herramientas clave destacan el PMS (*Property Management System*) y el *Channel Manager*, que ayudan a mejorar la gestión y maximizar las ventas del hotel.

El PMS es un sistema que centraliza todas las operaciones del hotel, desde la gestión de reservas hasta el control de inventario de habitaciones, *check-ins*, *check-outs*, facturación y gestión de tarifas. Al usar un PMS, el hotelero puede coordinar de forma eficiente las tareas internas, lo que mejora la experiencia del cliente y asegura que todos los procesos del hotel funcionen sin problemas.

Por otro lado, el *Channel Manager* es una herramienta indispensable para gestionar la distribución de habitaciones en múltiples canales de venta, como las OTA, motores de reserva, metabuscadores y otros. Este *software* actualiza automáticamente la disponibilidad de habitaciones y las tarifas en todos los canales en los que el hotel opera, lo que elimina el riesgo de *overbooking* y garantiza una gestión eficiente de la distribución. Además, permite al hotelero ajustar tarifas en tiempo real según la demanda, algo esencial para maximizar ingresos.

Aunque estas herramientas requieren inversión, su coste tecnológico suele ser reducido en comparación con los beneficios que aportan. Para que estas herramientas sean verdaderamente efectivas, debe existir un flujo constante de reservas.

Para este análisis no se contemplan acuerdos cerrados, ya que el enfoque es evaluar la influencia de las OTA frente al canal directo o tradicional, el cual puede ser no comisionable o tener una comisión más ligera. El objetivo es encontrar el balance adecuado que permita maximizar las ventas sin sacrificar un porcentaje excesivo de los ingresos en comisiones.

A modo de ejemplo, tomando como referencia el Hotel A (4*) y sus ingresos netos estimados con una tasa de ocupación establecida y un ADR proyectado, puedo analizar el impacto de la comisión media aplicada por las OTA. Si considero una comisión media del 18 % para aumentar la visibilidad y las reservas a través de plataformas como Booking o Expedia, el escenario puede variar significativamente dependiendo del *mix* de ventas entre canal directo y canal indirecto (OTA).

Imaginemos que partimos de un escenario equilibrado: el 50 % de las ventas proviene de canales directos y el otro 50 % de OTA. Si el negocio evoluciona hacia una mayor dependencia de los canales indirectos, llegando a un 90 % de las reservas gestionadas por OTA, esto puede generar una seria problemática financiera. Este fenómeno, que afecta especialmente a los hoteles independientes y familiares, es lo que algunos expertos denominan la «parasitación» de las OTA, en la que los hoteles se vuelven excesivamente dependientes de estos intermediarios y sacrifican parte importante de sus márgenes de beneficio.

En el modelo del Hotel A (4*), he decidido asumir una comisión estándar del 15 %, una cifra realista para hoteles que logran equilibrar las ventas entre canales directos e indirectos. Este porcentaje es común cuando se consigue establecer una estrategia eficaz de ventas directas a través de la página web del hotel, acuerdos con agencias no comisionables y convenios corporativos. Con un *mix* de ventas más diversificado, los hoteles pueden mantener el control sobre sus ingresos netos y mejorar la salud financiera a largo plazo.

| GASTOS EXPLOTACIÓN | | -1.755.582 | -1.811.671 |
|---|---|---|---|
| Personal propio | 444.385 | -444.385 | -458.605 |
| Personal externo limpieza | 10 | -233.600 | -241.075 |
| Otro personal externo | 2.000 | -2.000 | -2.060 |
| Desayunos | 3,50 | -163.520 | -168.753 |
| Canales de venta | 15% | -493.333 | -509.051 |
| Suministros | 1.000 | -80.000 | -82.560 |
| Resto gastos fijos | 7,72 | -180.336 | -186.107 |
| Resto gastos variables | 5,42 | -158.388 | -163.456 |

Es importante recordar que, para evaluar correctamente el rendimiento de un hotel, no se debe poner toda la atención en los ingresos brutos. Recomiendo hacer un análisis profundo de los ingresos netos, ya que este es el verdadero indicador de la salud financiera del negocio. Sin un control riguroso de estos ingresos, el hotel podría enfrentarse a problemas de liquidez o rentabilidad a medio y largo plazo.

## 2.5. Variables añadidas: CAPEX, FF&E y traspaso

Para que un modelo de arrendamiento hotelero sea viable a largo plazo, es esencial tener en cuenta ciertas variables añadidas que influyen directamente en la rentabilidad del negocio. Además de los costes operativos y de gestión mencionados antes, existen elementos como el CAPEX, el FF&E y el traspaso que deben ser evaluados con igual rigor para tomar una decisión informada.

## CAPEX: inversión en activos fijos

Uno de los principales indicadores que debe considerarse es el CAPEX (*Capital Expenditure* o gasto de capital), que representa la inversión que una empresa realiza en activos fijos. Esta inversión está destinada a adquirir, mantener o mejorar aquellos activos necesarios para el funcionamiento del hotel a largo plazo, tales como propiedad, maquinaria, equipamiento o renovaciones importantes.

La importancia del CAPEX radica en que esta inversión no se refleja como un gasto operativo (OpEx) en la cuenta de resultados, sino que se registra en el balance de la empresa y se amortiza durante la vida útil del activo. Es decir, no afecta directamente a los resultados del año en curso, pero sí impacta en la estructura financiera del hotel a largo plazo. Este gasto puede variar enormemente dependiendo del estado en el que se encuentren las instalaciones y el tipo de renovaciones que sean necesarias para cumplir con los estándares del mercado.

Así, si un hotel tiene, por ejemplo, unas instalaciones de climatización obsoletas o deterioradas en el momento de la negociación, es muy probable que deban ser sustituidas durante la vigencia del contrato. Dicha sustitución debería formar parte de la negociación y planificación del acuerdo entre las partes. Por lo tanto, en lo que respecta a la inversión en CAPEX, aunque en muchas ocasiones se pueden negociar condiciones en las que una de las partes asume ciertos compromisos en función de la implicación de la otra, lo cierto es que, si el arrendatario asume esta inversión, querrá obtener un rendimiento a cambio. Esto puede manifestarse en acuerdos sobre la duración del contrato o en la exención temporal del pago de la renta de alquiler.

La estrategia beneficia tanto al arrendatario, que reduce el impacto financiero de la inversión, como al arrendador (propietario), a quien se le garantiza la renovación del inmueble, lo que incrementa el valor de su propiedad. Este tipo de acuerdos son habituales en negociaciones para arrendamientos hoteleros que requieren una inversión significativa en infraestructura para mantener la calidad del producto en el mercado competitivo.

Por ejemplo, si el Hotel A (4*) necesita una renovación de las habitaciones o mejoras en las áreas comunes, el coste de estas actualizaciones se reflejaría como CAPEX. Estas inversiones, aunque necesarias para mantener la competitividad del hotel, deben ser evaluadas con cuidado. Una inversión excesiva de capital sin una planificación adecuada puede impactar negativamente en la liquidez y en la rentabilidad del hotel.

**FF&E: mobiliario, fijaciones y equipamiento**

El FF&E (*Furniture, Fixtures, and Equipment*) es otra variable que debe considerarse al evaluar la idoneidad de un arrendamiento de industria.

Esta partida engloba el equipamiento, mobiliario y accesorios como iluminación, climatización o sistemas de seguridad, necesarios para mejorar la funcionalidad y estética de las áreas del hotel, incluidos espacios comunes, habitaciones, restaurantes, oficinas, entre otros. El objetivo principal del FF&E es crear ambientes atractivos y confortables que mejoren la experiencia del huésped y contribuyan a su satisfacción. Aunque no representa un coste tan elevado como las grandes inversiones de CAPEX, su impacto en la percepción del cliente y en la operativa diaria del hotel no debe subestimarse.

La importancia de la partida de FF&E no solo se reduce a su presencia física en el hotel, sino también a si este equipamiento coincide con los estándares de calidad del nuevo operador y, sobre todo, en qué estado se encuentra. Es habitual que los gustos estéticos en el diseño de interiores no coincidan entre el propietario saliente y el nuevo gestor, por lo que en muchos casos se opta por llevar a cabo una reforma que se ajusta a las necesidades y preferencias del arrendatario. Esta inversión adicional suele ser asumida por el arrendatario, lo que añade una nueva capa de complejidad al acuerdo.

Por lo tanto, al asumir la gestión de un hotel, es esencial realizar un inventario detallado de los bienes incluidos en el contrato y evaluar si es necesario realizar actualizaciones o reemplazos en el FF&E. Esta inversión también puede formar parte del CAPEX si los elementos a reemplazar son de largo plazo, o se consideran como parte de los gastos operativos si su vida útil es más corta.

**Traspaso: un paso clave en la transición de la gestión**

El traspaso implica la compra del contrato de arrendamiento al anterior gestor o propietario, lo que supone el pago de una cantidad inicial para adquirir los derechos de explotación del hotel. Esto puede tener un impacto importante en la rentabilidad inicial de la operación.

El importe del traspaso varía dependiendo de la ubicación del hotel, la reputación del establecimiento, el estado de los activos y las proyecciones de ingresos. En muchos casos, el traspaso incluye no solo el contrato de arrendamiento, sino también el fondo de comercio (*goodwill*), es decir, la reputación y la base de clientes que ha desarrollado el hotel.

Al analizar la viabilidad de un contrato, es importante tener en cuenta el coste del traspaso junto con las inversiones en CAPEX y FF&E. Si el traspaso es elevado, puede ser necesario realizar una proyección financiera a largo plazo para asegurarse de que los ingresos futuros justifiquen la inversión inicial.

Recomiendo siempre prever una reserva de reposición para cubrir futuras sustituciones de activos. Estas reformas o actualizaciones pueden presentarse en cualquier momento y deben incluirse en la planificación financiera. A pesar de que en un principio no influyan directamente en el *cash flow* (o flujo de caja, en castellano), la previsión de este tipo de gastos garantiza que el negocio mantenga su competitividad y atractivo en el mercado, pues la experiencia del cliente depende en gran medida del estado del equipamiento y las instalaciones.

El precio del traspaso varía considerablemente y puede estar entre el 10 % y 20 % del valor del negocio, según las cláusulas del contrato y del EBITDA u otros indicadores financieros para valorar la viabilidad de la operación. Este tipo de transacciones también pueden ser negociado dependiendo de los resultados obtenidos por el hotel, por lo que es fundamental evaluar los términos del contrato de manera exhaustiva antes de llegar a un acuerdo.

En el caso del Hotel A (4*), que uso como ejemplo real en este modelo, tengo en cuenta las partidas de CAPEX, FF&E y traspaso, que jugarán un papel clave para que el negocio sea viable y para gestionar adecuadamente el *cash flow*. Es decir, no solo hablo de lo que cuesta arrancar, sino también de lo que necesito para que el hotel funcione como un reloj. Estas inversiones iniciales te dan una buena pista de cuánto dinero necesitarás tener a mano al comenzar.

**Flujos de caja**

| | | |
|---|---:|---:|
| EBITDA | | 533.439 |
| Inversió | | -1.100.000 |
| Capex inicial | 600.000 | -600.000 |
| FF&E | 200.000 | -200.000 |
| Traspaso | 300.000 | -300.000 |
| Mantenimiento | 200 | 0 |
| Impuesto sobre beneficios | | -117.735 |
| Intereses | | -7.500 |
| Variación fondo maniobra | | 159.439 |
| **Flujo de caja libre** | | **-532.357** |

## Mantenimiento: larga vida a tus habitaciones

Además, no podemos olvidar el mantenimiento de las habitaciones. Aunque muchas veces lo pasamos por alto en los primeros números, el desgaste y la depreciación de las instalaciones van sumando con el tiempo. Así que, aunque las habitaciones no necesiten una reforma mañana mismo, es algo que tarde o temprano debes considerar. Este mantenimiento, también llamado «coste del equipo productivo», asegura que el hotel siga siendo un espacio atractivo y funcional para los huéspedes.

Aquí, para mantener las cosas simples y predecibles, vamos a usar un coste fijo de 200 € por habitación al año. Este número se ajusta bastante bien a las cifras que vemos en el mercado y me ayuda a tener controlada la depreciación de las instalaciones sin que el flujo de caja sufra un golpe inesperado. ¡Todo está pensado para que el modelo sea sostenible en el tiempo!

# 3. Proyección financiera modelo con contrato de arrendamiento de industria

Bien, ya hemos visto todas las variables que influyen en el éxito (o fracaso) de la gestión hotelera, pero ahora viene la madre del cordero: proyectar el modelo financiero. Porque no basta con saber cuánto cuestan las habitaciones o cuánto hay que pagar de alquiler. Debemos hacer números, ver cómo encajan todas las piezas y tener claro si el negocio va a ser viable o no.

Para ello, te recomiendo tener una hoja de cálculo bien estructurada y completa. Esta herramienta no solo te ayudará a mantener el control, también te permitirá ajustar las variables en tiempo real y visualizar el impacto de cada decisión. Así que, vamos a poner en práctica todo lo que has aprendido usando como ejemplo el Hotel A (4*).

El modelo financiero que crearé estará basado en datos coherentes con la posible realidad de nuestro hipotético hotel. La Tabla 1 mostrará las variables clave, desde el ADR y la ocupación hasta los gastos fijos y los ingresos proyectados. Y todo esto lo reflejaré en varias hojas de cálculo organizadas para que puedas hacer un análisis exhaustivo del negocio mediante el ajuste de las variables clave (esas que puedes cambiar en celdas amarillas) y ver en tiempo real cómo afecta al flujo de caja o al margen de explotación.

## PREMISAS Hotel A (4*)

| | |
|---|---|
| Nº de habitaciones | 80 |
| Tipología de habitaciones : Doble | 100% |
| Ratio desayuno incluido | 1/1 |
| Coste desayuno | 3,5 |
| Coste comercialización | 15% |
| Coste limpieza habitación personal externo | 10€ |
| Número total de trabajadores fijos | 14 |
| Coste total trabajadores | 444.385 € |
| Alquiler | 1.000.000 € |
| CAPEX | 600.000€ |
| FF&E | 200.000€ |
| Traspaso | 300.000€ |
| Aval | 500.000 € |

Este modelo será tu hoja de ruta. Te muestra datos fundamentales en diferentes áreas:

▸ **Cuenta de resultados** (ver Tabla 1): allí veremos todos los ingresos y gastos del hotel.

▸ **Ratios de viabilidad** (ver Tabla 2): te ayudarán a ver si vas por buen camino o no, con indicadores clave que te alertarán si algo no cuadra.

Este modelo se proyecta sobre un horizonte de 20 años que, como he mencionado antes, es el plazo habitual para este tipo de contratos. La idea es que puedas usar esta hoja de cálculo de manera flexible, ajustando las proyecciones según cambien las circunstancias del mercado o las condiciones del propio contrato.

## 3.1. Análisis del modelo según proyección propuesta

¡Ya hemos llegado al momento clave! Una vez que tenemos todas las variables claras, es hora de mirar las ratios que te darán la radiografía real de si tu hotel es un éxito financiero o si está destinado a naufragar. Estos indicadores son como el GPS de tu negocio, te guían en la dirección correcta. Lo mejor de todo es que son flexibles: puedes ajustar las cifras para ver diferentes escenarios. Vamos a meternos de lleno en ellos.

### ROE (*Return on Equity*)

Este es el *wow factor* para cualquier inversor. Básicamente, te dice cuánta pasta sacas por cada euro que metes en el negocio. En términos simples: ¿estás exprimiendo bien tu inversión? Un ROE alto significa que lo estás haciendo genial. En mi modelo, el ROE empieza fuerte, con más del 20 % desde el primer año. ¡Es un arranque brutal! Esto muestra que, desde el inicio, el negocio genera beneficios sólidos para los accionistas. Cualquier cifra por encima del 20 % es oro, así que el Hotel A (4*) va en la dirección correcta.

### ROA (*Return on Assets*)

Con esto vemos cuánta eficiencia tiene el hotel para convertir los activos (habitaciones, instalaciones, entre otros) en beneficios. El ROA del Hotel A (4*) empieza altísimo: alcanza el 21 % en los primeros años y luego se ajusta a un sólido 30 %. Esto es una gran señal, porque muestra que el hotel utiliza muy bien sus activos para generar beneficios, incluso cuando el tiempo avanza y se estabiliza. Si logras tener un ROA por encima del 5 %, estás en el lado correcto.

## Margen de explotación (EBIT)

Esto es clave para ver qué tan bien se gestionan los gastos del hotel respecto a lo que se genera en ingresos. En caso del Hotel A (4*), el margen de explotación supera el 45 %, lo que indica que el negocio es sano y eficiente. En el mundo hotelero, cualquier cifra por encima del 10 % ya es buena, así que estar en torno al 40 % significa que tienes una máquina bien engrasada.

## Margen de EBITDA

Esta ratio, aunque un poco técnica, es la esencia del rendimiento operativo sin que los intereses, impuestos o amortizaciones lo «ensucien». El EBITDA del Hotel A (4*) siempre está por encima del 15 %, lo cual es una gran señal. Sin embargo, no hay que dejarse llevar solo por esta cifra; aunque sea positiva, no tiene en cuenta si se están cargando el negocio con mucha deuda. El Hotel A (4*) está libre de ese problema, lo que significa que tiene un flujo de caja fuerte y saludable.

## Valor Actual Neto (VAN)

Aquí es donde se hace la verdadera magia financiera. Este indicador te dice si tu inversión inicial merece la pena. Con el VAN positivo que proyecté (más de 4 millones de euros), este hotel no solo es viable, también genera un retorno superior a la inversión inicial. Básicamente, si el VAN es positivo, estás en terreno fértil para hacer crecer el negocio.

## Tasa Interna de Retorno (TIR)

La TIR es la cereza del pastel: te indica el porcentaje de rentabilidad que puedes esperar a lo largo del tiempo. En el Hotel A (4*), la TIR es impresionante: un 135,4 %, porque el modelo plantea una inversión baja en relación a los ingresos que genera. Es algo muy común en el sector hotelero, sobre todo cuando compras un hotel llave en mano. Esta cifra señala que has hecho una jugada maestra con este proyecto.

En resumen, este análisis financiero pinta un panorama muy positivo para el Hotel A (4*). Las ratios indican que el hotel tiene un excelente potencial de rentabilidad y una gestión eficiente. Con estos números, el horizonte es más que prometedor, y si se mantienen las variables bajo control, se pueden esperar buenos rendimientos tanto a corto como a largo plazo.

¡Llegamos al desenlace! Si has llegado hasta aquí, es porque estás en busca de esa visión final que te ayude a tomar la decisión correcta, y este modelo te lo facilita de una manera muy clara. Lo que he hecho es algo parecido a afinar un equipo de alta fidelidad: ajustar y ecualizar las variables para entender cómo influyen en la estructura financiera de tu futuro hotel explotado bajo un contrato de arrendamiento de industria.

Este modelo no es solo números en una hoja de cálculo, es tu hoja de ruta. Te permite tener un control total sobre las variables más importantes: el alquiler, los costes del personal, el ADR, la ocupación, entre otros. Y, más importante aún, te muestra si tu negocio será viable, rentable y sostenible a lo largo del tiempo. Aquí hablo de una proyección mínima de 20 años.

El modelo Hotel A (4*) ha demostrado que se adapta perfectamente a la idiosincrasia de un hotel y que, además, es flexible. Puedes ajustar las variables según las circunstancias del mercado y obtener ratios que te ayuden a tomar decisiones con fundamento, en lugar de lanzarte al vacío sin datos claros.

Ahora bien, no todo queda aquí. Lo interesante de este modelo es que también te da las herramientas para considerar la posibilidad de comprar el inmueble. ¿Te interesa seguir como arrendatario o prefieres convertirte en el dueño del negocio y del activo inmobiliario? Esta es una pregunta que muchos hoteleros se hacen cuando tienen la oportunidad de adquirir el inmueble.

En el próximo capítulo, exploraré este enfoque desde la perspectiva de la compra. Analizaré el mismo modelo incorporando la financiación bancaria y las variables que acompañan la compra de un hotel. De esta forma, podrás comparar ambos escenarios y decidir cuál es el camino que más te conviene: seguir arrendando y operando, o dar el salto y convertirte en propietario.

## Tabla 1 y Tabla 2:
## la foto final de ese negocio llamado hotel

(las que te señalé en la página 54)

# Tabla 1

| | | 1 | 2 | 3 | 4 | 5 |
|---|---|---|---|---|---|---|
| | | 2025 | 2026 | 2027 | 2028 | 2029 |
| **Control** | | | | | | |
| Aval | 1 | 1 | 1 | 1 | 1 | 1 |
| Años (activos) | 20 | 1 | 1 | 1 | 1 | 1 |
| **Métricas operativas** | | | | | | |
| Inflación (FMI - obj.BCE) | | 2,20% | 2,20% | 2,20% | 2,20% | 2,20% |
| Inflación acumulada | | 1,00 | 1,02 | 1,04 | 1,07 | 1,09 |
| Habitaciones | 80 | 80 | 80 | 80 | 80 | 80 |
| Días del año | 365 | 365 | 365 | 365 | 365 | 365 |
| ADR (Average Daily Rate) | 140,00 € | 140,00 € | 140,00 € | 140,00 € | 140,00 € | 140,00 € |
| Ocupación | 80% | 80% | 80% | 80% | 80% | 80% |
| Tarifa desayuno (€) | 0,00 € | 0,00 € | 0,00 € | 0,00 € | 0,00 € | 0,00 € |
| Habitaciones con desayuno | 2,00 | 46.720 | 46.720 | 46.720 | 46.720 | 46.720 |
| **Cuenta de resultados** | | | | | | |
| **Ingresos explotación** | | 3.289.021 | 3.360.969 | 3.434.501 | 3.509.651 | 3.586.453 |
| Alojamiento | Vinculado IPC | 3.270.400,00 € | 3.342.348,80 € | 3.415.880,47 € | 3.491.029,84 € | 3.567.832,50 € |
| Desayunos | | 0,00 € | 0,00 € | 0,00 € | 0,00 € | 0,00 € |
| Otros | 0,80 | 18.620,67 € | 18.620,67 € | 18.620,67 € | 18.620,67 € | 18.620,67 € |
| **Gastos explotación** | | -1.755.582,12 € | -1.794.143,48 € | -1.833.553,19 € | -1.873.829,91 € | -1.914.992,72 € |
| Personal propio | | -444.385,00 € | -454.161,47 € | -464.153,02 € | -474.364,39 € | -484.800,41 € |
| Personal externo limpieza | 10 | -233.600,00 € | -238.739,20 € | -243.991,46 € | -249.359,27 € | -254.845,18 € |
| Otro personal externo | 2.000 | -2.000,00 € | -2.044,00 € | -2.088,97 € | -2.134,93 € | -2.181,89 € |
| Desayunos | 3,50 | -163.520,00 € | -167.117,44 € | -170.794,02 € | -174.551,49 € | -178.391,63 € |
| Canales de venta | 15% | -493.353,10 € | -504.145,42 € | -515.175,17 € | -526.447,58 € | -537.967,97 € |
| Suministros | 1.000 | -80.000,00 € | -81.760,00 € | -83.558,72 € | -85.397,01 € | -87.275,75 € |
| Resto gastos fijos | 7,72 | -180.336,11 € | -184.303,50 € | -188.358,18 € | -192.502,06 € | -196.737,10 € |
| Resto gastos variables | 5,42 | -158.387,92 € | -161.872,45 € | -165.433,65 € | -169.073,19 € | -172.792,80 € |
| **Margen explotación** | | 1.533.438,54 € | 1.566.825,98 € | 1.600.947,95 € | 1.635.820,60 € | 1.671.460,44 € |
| **Renta** | | -1.000.000,00 € | -1.000.000,00 € | -1.000.000,00 € | -1.000.000,00 € | -1.000.000,00 € |
| Renta fija | 1.000.000,00 € | -1.000.000,00 € | -1.000.000,00 € | -1.000.000,00 € | -1.000.000,00 € | -1.000.000,00 € |
| Renta variable | 25% | -822.255,17 € | -840.242,37 € | -858.625,28 € | -877.412,63 € | -896.613,29 € |
| **EBITDA** | | 533.438,54 € | 566.825,98 € | 600.947,95 € | 635.820,60 € | 671.460,44 € |
| Amortización | | -55.000,00 € | -71.000,00 € | -71.000,00 € | -71.000,00 € | -71.000,00 € |
| Hotel | | | | | | |
| Resto | | | | | | |
| Intereses | | -7.500,00 € | -7.500,00 € | -7.500,00 € | -7.500,00 € | -7.500,00 € |
| Aval bancario | | -7.500,00 € | -7.500,00 € | -7.500,00 € | -7.500,00 € | -7.500,00 € |
| Deudas con entidades de crédito | | 0,00 € | 0,00 € | 0,00 € | 0,00 € | 0,00 € |
| **EBT** | | 470.938,54 € | 488.325,98 € | 522.447,95 € | 557.320,60 € | 592.960,44 € |
| Impuesto sobre beneficios | 25% | -117.734,64 € | -122.081,50 € | -130.611,99 € | -139.330,15 € | -148.240,11 € |
| | | 117.734,64 € | 122.081,50 € | 130.611,99 € | 139.330,15 € | 148.240,11 € |
| **Resultado neto** | | 353.203,91 € | 366.244,49 € | 391.835,96 € | 417.990,45 € | 444.720,33 € |
| **Flujos de caja** | | | | | | |
| EBITDA | | 533.438,54 € | 566.825,98 € | 600.947,95 € | 635.820,60 € | 671.460,44 € |
| Inversión | | -1.100.000,00 € | -16.000,00 € | -16.000,00 € | -16.000,00 € | -16.000,00 € |
| Régimen del inmueble | ALQUILER | | | | | |
| Compra Hotel | | 0,00 € | 0,00 € | 0,00 € | 0,00 € | 0,00 € |
| Capex inicial | 600.000,00 € | -600.000,00 € | 0,00 € | 0,00 € | 0,00 € | 0,00 € |
| FF&E | 200.000,00 € | -200.000,00 € | 0,00 € | 0,00 € | 0,00 € | 0,00 € |
| Traspaso | 300.000,00 € | -300.000,00 € | 0,00 € | 0,00 € | 0,00 € | 0,00 € |
| Mantenimiento | 200,00 € | 0,00 € | -16.000,00 € | -16.000,00 € | -16.000,00 € | -16.000,00 € |
| Impuesto sobre beneficios | | -117.734,64 € | -122.081,50 € | -130.611,99 € | -139.330,15 € | -148.240,11 € |
| Intereses | | -7.500,00 € | -7.500,00 € | -7.500,00 € | -7.500,00 € | -7.500,00 € |
| Variación fondo maniobra | | 159.439,05 € | 3.525,53 € | 3.603,09 € | 3.682,36 € | 3.763,37 € |
| Amortización capital deuda | | 0,00 € | 0,00 € | 0,00 € | 0,00 € | 0,00 € |
| **Flujo de caja libre** | | -532.357,04 € | 424.770,02 € | 450.439,05 € | 476.672,80 € | 503.483,70 € |
| **Flujo de caja acumulado** | | -532.357,04 € | -107.587,03 € | 342.852,02 € | 819.524,83 € | 1.323.008,53 € |

| | | 6 | 7 | 8 | 9 | 10 |
|---|---|---|---|---|---|---|
| | | **2030** | **2031** | **2032** | **2033** | **2034** |

**Control**

| | | | | | | |
|---|---|---|---|---|---|---|
| Aval | 1 | 1 | 1 | 1 | 1 | 1 |
| Años (activos) | 20 | 1 | 1 | 1 | 1 | 1 |

**Métricas operativas**

| | | | | | | |
|---|---|---|---|---|---|---|
| Inflación (FMI - obj.BCE) | | 2,20% | 2,20% | 2,20% | 2,20% | 2,20% |
| Inflación acumulada | | 1,11 | 1,14 | 1,16 | 1,19 | 1,22 |
| Habitaciones | 80 | 80 | 80 | 80 | 80 | 80 |
| Días del año | 365 | 365 | 365 | 365 | 365 | 365 |
| ADR (Average Daily Rate) | 140,00 € | 140,00 € | 140,00 € | 140,00 € | 140,00 € | 140,00 € |
| Ocupación | 80% | 80% | 80% | 80% | 80% | 80% |
| Tarifa desayuno (€) | 0,00 € | 0,00 € | 0,00 € | 0,00 € | 0,00 € | 0,00 € |
| Habitaciones con desayuno | 2,00 | 46.720 | 46.720 | 46.720 | 46.720 | 46.720 |

**Cuenta de resultados**

| | | | | | | |
|---|---|---|---|---|---|---|
| **Ingresos explotación** | | **3.664.945** | **3.745.165** | **3.827.149** | **3.910.936** | **3.996.567** |
| Alojamiento | Vinculado IPC | 3.646.324,82 € | 3.726.543,96 € | 3.808.527,93 € | 3.892.315,54 € | 3.977.946,49 € |
| Desayunos | | 0,00 € | 0,00 € | 0,00 € | 0,00 € | 0,00 € |
| Otros | 0,80 | 18.620,67 € | 18.620,67 € | 18.620,67 € | 18.620,67 € | 18.620,67 € |
| | | | | | | |
| **Gastos explotación** | | **-1.957.061,11 €** | **-2.000.055,01 €** | **-2.043.994,77 €** | **-2.088.901,21 €** | **-2.134.795,59 €** |
| Personal propio | | -495.466,01 € | -506.366,27 € | -517.506,32 € | -528.891,46 € | -540.527,08 € |
| Personal externo limpieza | 10 | -260.451,77 € | -266.181,71 € | -272.037,71 € | -278.022,54 € | -284.139,03 € |
| Otro personal externo | 2.000 | -2.229,90 € | -2.278,95 € | -2.329,09 € | -2.380,33 € | -2.432,70 € |
| Desayunos | 3,50 | -182.316,24 € | -186.327,20 € | -190.426,40 € | -194.615,78 € | -198.897,32 € |
| Canales de venta | 15% | -549.741,82 € | -561.774,69 € | -574.072,29 € | -586.640,43 € | -599.485,07 € |
| Suministros | 1.000 | -89.195,81 € | -91.158,12 € | -93.163,60 € | -95.213,20 € | -97.307,89 € |
| Resto gastos fijos | 7,72 | -201.065,32 € | -205.488,76 € | -210.009,51 € | -214.629,72 € | -219.351,57 € |
| Resto gastos variables | 5,42 | -176.594,24 € | -180.479,31 € | -184.449,86 € | -188.507,75 € | -192.654,92 € |
| | | | | | | |
| **Margen explotación** | | **1.707.884,37 €** | **1.745.109,62 €** | **1.783.153,82 €** | **1.822.035,00 €** | **1.861.771,56 €** |
| | | | | | | |
| **Renta** | | **-1.000.000,00 €** | **-1.000.000,00 €** | **-1.000.000,00 €** | **-1.000.000,00 €** | **-1.000.000,00 €** |
| Renta fija | 1.000.000,00 € | -1.000.000,00 € | -1.000.000,00 € | -1.000.000,00 € | -1.000.000,00 € | -1.000.000,00 € |
| Renta variable | 25% | -916.236,37 € | -936.291,16 € | -956.787,15 € | -977.734,05 € | -999.141,79 € |
| | | | | | | |
| **EBITDA** | | **707.884,37 €** | **745.109,62 €** | **783.153,82 €** | **822.035,00 €** | **861.771,56 €** |
| | | | | | | |
| Amortización | | -71.000,00 € | -71.000,00 € | -71.000,00 € | -71.000,00 € | -71.000,00 € |
| Hotel | | | | | | |
| Resto | | | | | | |
| Intereses | | -7.500,00 € | -7.500,00 € | -7.500,00 € | -7.500,00 € | -7.500,00 € |
| Aval bancario | | -7.500,00 € | -7.500,00 € | -7.500,00 € | -7.500,00 € | -7.500,00 € |
| Deudas con entidades de crédito | | 0,00 € | 0,00 € | 0,00 € | 0,00 € | 0,00 € |
| | | | | | | |
| **EBT** | | **629.384,37 €** | **666.609,62 €** | **704.653,82 €** | **743.535,00 €** | **783.271,56 €** |
| | | | | | | |
| Impuesto sobre beneficios | 25% | -157.346,09 € | -166.652,40 € | -176.163,46 € | -185.883,75 € | -195.817,89 € |
| | | 157.346,09 € | 166.652,40 € | 176.163,46 € | 185.883,75 € | 195.817,89 € |
| **Resultado neto** | | **472.038,27 €** | **499.957,21 €** | **528.490,37 €** | **557.651,25 €** | **587.453,67 €** |

**Flujos de caja**

| | | | | | | |
|---|---|---|---|---|---|---|
| EBITDA | | 707.884,37 € | 745.109,62 € | 783.153,82 € | 822.035,00 € | 861.771,56 € |
| Inversión | | -16.000,00 € | -16.000,00 € | -16.000,00 € | -16.000,00 € | -16.000,00 € |
| Régimen del inmueble | ALQUILER | | | | | |
| Compra Hotel | | 0,00 € | 0,00 € | 0,00 € | 0,00 € | 0,00 € |
| Capex inicial | 600.000,00 € | 0,00 € | 0,00 € | 0,00 € | 0,00 € | 0,00 € |
| FF&E | 200.000,00 € | 0,00 € | 0,00 € | 0,00 € | 0,00 € | 0,00 € |
| Traspaso | 300.000,00 € | 0,00 € | 0,00 € | 0,00 € | 0,00 € | 0,00 € |
| Mantenimiento | 200,00 € | -16.000,00 € | -16.000,00 € | -16.000,00 € | -16.000,00 € | -16.000,00 € |
| Impuesto sobre beneficios | | -157.346,09 € | -166.652,40 € | -176.163,46 € | -185.883,75 € | -195.817,89 € |
| Intereses | | -7.500,00 € | -7.500,00 € | -7.500,00 € | -7.500,00 € | -7.500,00 € |
| Variación fondo maniobra | | 3.846,16 € | 3.930,78 € | 4.017,26 € | 4.105,64 € | 4.195,96 € |
| Amortización capital deuda | | 0,00 € | 0,00 € | 0,00 € | 0,00 € | 0,00 € |
| | | | | | | |
| **Flujo de caja libre** | | **530.884,44 €** | **558.887,99 €** | **587.507,62 €** | **616.756,89 €** | **646.649,63 €** |
| **Flujo de caja acumulado** | | **1.853.892,97 €** | **2.412.780,96 €** | **3.000.288,58 €** | **3.617.045,47 €** | **4.263.695,10 €** |

| | | 11 | 12 | 13 | 14 | 15 |
|---|---|---|---|---|---|---|
| | | 2035 | 2036 | 2037 | 2038 | 2039 |

**Control**

| | | | | | | |
|---|---|---|---|---|---|---|
| Aval | 1 | 1 | 1 | 1 | 1 | 1 |
| Años (activos) | 20 | 1 | 1 | 1 | 1 | 1 |

**Métricas operativas**

| | | | | | | |
|---|---|---|---|---|---|---|
| Inflación (FMI - obj.BCE) | | 2,20% | 2,20% | 2,20% | 2,20% | 2,20% |
| Inflación acumulada | | 1,24 | 1,27 | 1,30 | 1,33 | 1,36 |
| Habitaciones | 80 | 80 | 80 | 80 | 80 | 80 |
| Días del año | 365 | 365 | 365 | 365 | 365 | 365 |
| ADR (Average Daily Rate) | 140,00 € | 140,00 € | 140,00 € | 140,00 € | 140,00 € | 140,00 € |
| Ocupación | 80% | 80% | 80% | 80% | 80% | 80% |
| Tarifa desayuno (€) | 0,00 € | 0,00 € | 0,00 € | 0,00 € | 0,00 € | 0,00 € |
| Habitaciones con desayuno | 2,00 | 46.720 | 46.720 | 46.720 | 46.720 | 46.720 |

**Cuenta de resultados**

| | | | | | | |
|---|---|---|---|---|---|---|
| Ingresos explotación | | 4.084.082 | 4.173.522 | 4.264.930 | 4.358.349 | 4.453.823 |
| Alojamiento | Vinculado IPC | 4.065.461,31 € | 4.154.901,46 € | 4.246.309,29 € | 4.339.728,09 € | 4.435.202,11 € |
| Desayunos | | 0,00 € | 0,00 € | 0,00 € | 0,00 € | 0,00 € |
| Otros | 0,80 | 18.620,67 € | 18.620,67 € | 18.620,67 € | 18.620,67 € | 18.620,67 € |
| | | | | | | |
| Gastos explotación | | -2.181.699,64 € | -2.229.635,59 € | -2.278.626,12 € | -2.328.694,45 € | -2.379.864,28 € |
| Personal propio | | -552.418,67 € | -564.571,88 € | -576.992,46 € | -589.686,30 € | -602.659,40 € |
| Personal externo limpieza | 10 | -290.390,09 € | -296.778,68 € | -303.307,81 € | -309.980,58 € | -316.800,15 € |
| Otro personal externo | 2.000 | -2.486,22 € | -2.540,91 € | -2.596,81 € | -2.653,94 € | -2.712,33 € |
| Desayunos | 3,50 | -203.273,07 € | -207.745,07 € | -212.315,46 € | -216.986,40 € | -221.760,11 € |
| Canales de venta | 15% | -612.612,30 € | -626.028,32 € | -639.739,49 € | -653.752,31 € | -668.073,42 € |
| Suministros | 1.000 | -99.448,66 € | -101.636,53 € | -103.872,54 € | -106.157,73 € | -108.493,20 € |
| Resto gastos fijos | 7,72 | -224.177,31 € | -229.109,21 € | -234.149,61 € | -239.300,90 € | -244.565,52 € |
| Resto gastos variables | 5,42 | -196.893,33 € | -201.224,99 € | -205.651,93 € | -210.176,28 € | -214.800,16 € |
| | | | | | | |
| **Margen explotación** | | **1.902.382,33 €** | **1.943.886,53 €** | **1.986.303,83 €** | **2.029.654,31 €** | **2.073.958,50 €** |
| | | | | | | |
| Renta | | -1.021.020,49 € | -1.043.380,53 € | -1.066.232,49 € | -1.089.587,19 € | -1.113.455,69 € |
| Renta fija | 1.000.000,00 € | -1.000.000,00 € | -1.000.000,00 € | -1.000.000,00 € | -1.000.000,00 € | -1.000.000,00 € |
| Renta variable | 25% | -1.021.020,49 € | -1.043.380,53 € | -1.066.232,49 € | -1.089.587,19 € | -1.113.455,69 € |
| | | | | | | |
| **EBITDA** | | **881.361,84 €** | **900.506,00 €** | **920.071,34 €** | **940.067,12 €** | **960.502,80 €** |
| | | | | | | |
| Amortización | | -71.000,00 € | -71.000,00 € | -71.000,00 € | -71.000,00 € | -71.000,00 € |
| Hotel | | | | | | |
| Resto | | | | | | |
| Intereses | | -7.500,00 € | -7.500,00 € | -7.500,00 € | -7.500,00 € | -7.500,00 € |
| Aval bancario | | -7.500,00 € | -7.500,00 € | -7.500,00 € | -7.500,00 € | -7.500,00 € |
| Deudas con entidades de crédito | | 0,00 € | 0,00 € | 0,00 € | 0,00 € | 0,00 € |
| | | | | | | |
| **EBT** | | **802.861,84 €** | **822.006,00 €** | **841.571,34 €** | **861.567,12 €** | **882.002,80 €** |
| | | | | | | |
| Impuesto sobre beneficios | 25% | -200.715,46 € | -205.501,50 € | -210.392,84 € | -215.391,78 € | -220.500,70 € |
| | | 200.715,46 € | 205.501,50 € | 210.392,84 € | 215.391,78 € | 220.500,70 € |
| **Resultado neto** | | **602.146,38 €** | **616.504,50 €** | **631.178,51 €** | **646.175,34 €** | **661.502,10 €** |

**Flujos de caja**

| | | | | | | |
|---|---|---|---|---|---|---|
| EBITDA | | 881.361,84 € | 900.506,00 € | 920.071,34 € | 940.067,12 € | 960.502,80 € |
| Inversión | | -16.000,00 € | -16.000,00 € | -16.000,00 € | -16.000,00 € | -16.000,00 € |
| Régimen del inmueble | ALQUILER | | | | | |
| Compra Hotel | | 0,00 € | 0,00 € | 0,00 € | 0,00 € | 0,00 € |
| Capex inicial | 600.000,00 € | 0,00 € | 0,00 € | 0,00 € | 0,00 € | 0,00 € |
| FF&E | 200.000,00 € | 0,00 € | 0,00 € | 0,00 € | 0,00 € | 0,00 € |
| Traspaso | 300.000,00 € | 0,00 € | 0,00 € | 0,00 € | 0,00 € | 0,00 € |
| Mantenimiento | 200,00 € | -16.000,00 € | -16.000,00 € | -16.000,00 € | -16.000,00 € | -16.000,00 € |
| Impuesto sobre beneficios | | -200.715,46 € | -205.501,50 € | -210.392,84 € | -215.391,78 € | -220.500,70 € |
| Intereses | | -7.500,00 € | -7.500,00 € | -7.500,00 € | -7.500,00 € | -7.500,00 € |
| Variación fondo maniobra | | 4.288,27 € | 4.382,61 € | 4.479,03 € | 4.577,57 € | 4.678,28 € |
| Amortización capital deuda | | 0,00 € | 0,00 € | 0,00 € | 0,00 € | 0,00 € |
| | | | | | | |
| **Flujo de caja libre** | | **661.434,65 €** | **675.887,12 €** | **690.657,54 €** | **705.752,91 €** | **721.180,38 €** |
| **Flujo de caja acumulado** | | **4.925.129,75 €** | **5.601.016,86 €** | **6.291.674,40 €** | **6.997.427,31 €** | **7.718.607,69 €** |

|  |  | 16 | 17 | 18 | 19 | 20 |
|---|---|---|---|---|---|---|
|  |  | 2040 | 2041 | 2042 | 2043 | 2044 |

**Control**

|  |  | | | | | |
|---|---|---|---|---|---|---|
| Aval | 1 | 1 | 1 | 1 | 1 | 1 |
| Años (activos) | 20 | 1 | 1 | 1 | 1 | 1 |

**Métricas operativas**

|  |  | | | | | |
|---|---|---|---|---|---|---|
| Inflación (FMI - obj.BCE) |  | 2,20% | 2,20% | 2,20% | 2,20% | 2,20% |
| Inflación acumulada |  | 1,39 | 1,42 | 1,45 | 1,48 | 1,51 |
| Habitaciones | 80 | 80 | 80 | 80 | 80 | 80 |
| Días del año | 365 | 365 | 365 | 365 | 365 | 365 |
| ADR (Average Daily Rate) | 140,00 € | 140,00 € | 140,00 € | 140,00 € | 140,00 € | 140,00 € |
| Ocupación | 80% | 80% | 80% | 80% | 80% | 80% |
| Tarifa desayuno (€) | 0,00 € | 0,00 € | 0,00 € | 0,00 € | 0,00 € | 0,00 € |
| Habitaciones con desayuno | 2,00 | 46.720 | 46.720 | 46.720 | 46.720 | 46.720 |

**Cuenta de resultados**

| Ingresos explotación |  | 4.551.397 | 4.651.118 | 4.753.033 | 4.857.190 | 4.963.639 |
|---|---|---|---|---|---|---|
| Alojamiento | Vinculado IPC | 4.532.776,56 € | 4.632.497,64 € | 4.734.412,59 € | 4.838.569,67 € | 4.945.018,20 € |
| Desayunos |  | 0,00 € | 0,00 € | 0,00 € | 0,00 € | 0,00 € |
| Otros | 0,80 | 18.620,67 € | 18.620,67 € | 18.620,67 € | 18.620,67 € | 18.620,67 € |
| | | | | | | |
| Gastos explotación |  | -2.432.159,84 € | -2.485.605,91 € | -2.540.227,79 € | -2.596.051,36 € | -2.653.103,04 € |
| Personal propio |  | -615.917,90 € | -629.468,10 € | -643.316,40 € | -657.469,36 € | -671.933,68 € |
| Personal externo limpieza | 10 | -323.769,75 € | -330.892,69 € | -338.172,33 € | -345.612,12 € | -353.215,59 € |
| Otro personal externo | 2.000 | -2.772,00 € | -2.832,99 € | -2.895,31 € | -2.959,01 € | -3.024,11 € |
| Desayunos | 3,50 | -226.638,83 € | -231.624,88 € | -236.720,63 € | -241.928,48 € | -247.250,91 € |
| Canales de venta | 15% | -682.709,58 € | -697.667,75 € | -712.954,99 € | -728.578,55 € | -744.545,83 € |
| Suministros | 1.000 | -110.880,05 € | -113.319,41 € | -115.812,44 € | -118.360,31 € | -120.964,24 € |
| Resto gastos fijos | 7,72 | -249.945,96 € | -255.444,77 € | -261.064,56 € | -266.807,98 € | -272.677,75 € |
| Resto gastos variables | 5,42 | -219.525,76 € | -224.355,33 € | -229.291,14 € | -234.335,55 € | -239.490,93 € |
| | | | | | | |
| **Margen explotación** |  | **2.119.237,38 €** | **2.165.512,39 €** | **2.212.805,46 €** | **2.261.138,97 €** | **2.310.535,83 €** |
| | | | | | | |
| Renta |  | -1.137.849,31 € | -1.162.779,58 € | -1.188.258,31 € | -1.214.297,58 € | -1.240.909,72 € |
| Renta fija | 1.000.000,00 € | -1.000.000,00 € | -1.000.000,00 € | -1.000.000,00 € | -1.000.000,00 € | -1.000.000,00 € |
| Renta variable | 25% | -1.137.849,31 € | -1.162.779,58 € | -1.188.258,31 € | -1.214.297,58 € | -1.240.909,72 € |
| | | | | | | |
| **EBITDA** |  | **981.388,07 €** | **1.002.732,82 €** | **1.024.547,15 €** | **1.046.841,39 €** | **1.069.626,11 €** |
| | | | | | | |
| Amortización |  | -71.000,00 € | -71.000,00 € | -71.000,00 € | -71.000,00 € | -71.000,00 € |
| Hotel |  | | | | | |
| Resto |  | | | | | |
| Intereses |  | -7.500,00 € | -7.500,00 € | -7.500,00 € | -7.500,00 € | -7.500,00 € |
| Aval bancario |  | -7.500,00 € | -7.500,00 € | -7.500,00 € | -7.500,00 € | -7.500,00 € |
| Deudas con entidades de crédito |  | 0,00 € | 0,00 € | 0,00 € | 0,00 € | 0,00 € |
| | | | | | | |
| **EBT** |  | **902.888,07 €** | **924.232,82 €** | **946.047,15 €** | **968.341,39 €** | **991.126,11 €** |
| | | | | | | |
| Impuesto sobre beneficios | 25% | -225.722,02 € | -231.058,20 € | -236.511,79 € | -242.085,35 € | -247.781,53 € |
|  |  | 225.722,02 € | 231.058,20 € | 236.511,79 € | 242.085,35 € | 247.781,53 € |
| **Resultado neto** |  | **677.166,05 €** | **693.174,61 €** | **709.535,36 €** | **726.256,04 €** | **743.344,58 €** |

**Flujos de caja**

| EBITDA |  | 981.388,07 € | 1.002.732,82 € | 1.024.547,15 € | 1.046.841,39 € | 1.069.626,11 € |
|---|---|---|---|---|---|---|
| Inversión |  | -16.000,00 € | -16.000,00 € | -16.000,00 € | -16.000,00 € | -16.000,00 € |
| Régimen del inmueble | ALQUILER | | | | | |
| Compra Hotel |  | 0,00 € | 0,00 € | 0,00 € | 0,00 € | 0,00 € |
| Capex inicial | 600.000,00 € | 0,00 € | 0,00 € | 0,00 € | 0,00 € | 0,00 € |
| FF&E | 200.000,00 € | 0,00 € | 0,00 € | 0,00 € | 0,00 € | 0,00 € |
| Traspaso | 300.000,00 € | 0,00 € | 0,00 € | 0,00 € | 0,00 € | 0,00 € |
| Mantenimiento | 200,00 € | -16.000,00 € | -16.000,00 € | -16.000,00 € | -16.000,00 € | -16.000,00 € |
| Impuesto sobre beneficios |  | -225.722,02 € | -231.058,20 € | -236.511,79 € | -242.085,35 € | -247.781,53 € |
| Intereses |  | -7.500,00 € | -7.500,00 € | -7.500,00 € | -7.500,00 € | -7.500,00 € |
| Variación fondo maniobra |  | 4.781,20 € | 4.886,38 € | 4.993,89 € | 5.103,75 € | 5.216,03 € |
| Amortización capital deuda |  | 0,00 € | 0,00 € | 0,00 € | 0,00 € | 0,00 € |
| | | | | | | |
| **Flujo de caja libre** |  | **736.947,25 €** | **753.061,00 €** | **769.529,25 €** | **786.359,79 €** | **803.560,62 €** |
| **Flujo de caja acumulado** |  | **8.455.554,94 €** | **9.208.615,94 €** | **9.978.145,19 €** | **10.764.504,98 €** | **11.568.065,60 €** |

# Tabla 2

| | 1 | 2 | 3 | 4 | 5 | 6 | 7 | 8 |
| --- | --- | --- | --- | --- | --- | --- | --- | --- |
| | 2025 | 2026 | 2027 | 2028 | 2029 | 2030 | 2031 | 2032 |
| **Rentabilidad** | | | | | | | | |
| ROE (Return on Equity) | 21,0% | 21,7% | 23,3% | 24,8% | 26,4% | 28,0% | 29,7% | 31,4% |
| ROA (Return on Assets) | 21,4% | 22,8% | 25,1% | 27,5% | 30,1% | 32,9% | 35,9% | 39,1% |
| Margen de explotación | 46,6% | 46,6% | 46,6% | 46,6% | 46,6% | 46,6% | 46,6% | 46,6% |
| Margen de EBITDA | 16,2% | 16,9% | 17,5% | 18,1% | 18,7% | 19,3% | 19,9% | 20,5% |
| Flujos de caja libre / Ventas | -16,2% | 12,6% | 13,1% | 13,6% | 14,0% | 14,5% | 14,9% | 15,4% |

| 9 | 10 | 11 | 12 | 13 | 14 | 15 | 16 | 17 | 18 | 19 | 20 |
| --- | --- | --- | --- | --- | --- | --- | --- | --- | --- | --- | --- |
| 2033 | 2034 | 2035 | 2036 | 2037 | 2038 | 2039 | 2040 | 2041 | 2042 | 2043 | 2044 |
| 33,1% | 34,9% | 35,7% | 36,6% | 37,5% | 38,3% | 39,3% | 40,2% | 41,1% | 42,1% | 43,1% | 44,1% |
| 42,5% | 46,2% | 49,0% | 51,8% | 54,9% | 58,2% | 61,8% | 65,6% | 69,8% | 74,3% | 79,3% | 84,6% |
| 46,6% | 46,6% | 46,6% | 46,6% | 46,6% | 46,6% | 46,6% | 46,6% | 46,6% | 46,6% | 46,6% | 46,5% |
| 21,0% | 21,6% | 21,6% | 21,6% | 21,6% | 21,6% | 21,6% | 21,6% | 21,6% | 21,6% | 21,6% | 21,5% |
| 15,8% | 16,2% | 16,2% | 16,2% | 16,2% | 16,2% | 16,2% | 16,2% | 16,2% | 16,2% | 16,2% | 16,2% |

# 4. ¿Alquilar o comprar el inmueble?

Llegados a este punto, es natural que surja una pregunta clave: ¿es más rentable seguir como arrendatario o ha llegado el momento de comprar el inmueble? A lo largo de este manua , he analizado las múltiples ventajas del arrendamiento de industria, un modelo que te permite gestionar y explotar un hotel sin la necesidad de ser propietario del inmueble. Sin embargo, en la vida de todo hotelero surge una encrucijada: ¿y si comprar es la mejor opción?

Tomar la decisión de adquirir el inmueble en lugar de seguir pagando alquiler puede representar una oportunidad única. Aunque es cierto que conlleva un mayor compromiso financiero, la propiedad puede brindar un control total sobre el activo y ofrecer una mayor rentabilidad a largo plazo. De hecho, dependiendo de las circunstancias del mercado, solicitar una hipoteca y adquirir el inmueble puede salir a cuenta en comparación con el arrendamiento, especialmente si los intereses hipotecarios son bajos y el valor de la propiedad tiene un potencial de apreciación considerable.

## 4.1. Desarrollo: beneficios y retos de ser propietario

### El proceso de compra: la hipoteca y los recursos propios

Una de las primeras decisiones que deberás tomar al evaluar la opción de compra es cómo financiarás la adquisición del inmueble. Casi siempre, solicitar una hipoteca será el camino más viable. Sin embargo, esta opción conlleva varios aspectos importantes que deben ser considerados con detenimiento.

▶ **Solicitud de una hipoteca comercial**: una hipoteca para la compra de un inmueble con fines comerciales, como un hotel, suele tener condiciones diferentes a las hipotecas residenciales. Los plazos tienden a ser más cortos (entre 10 y 20 años, frente a los 30 años de las residenciales) y los intereses suelen ser algo más elevados debido a los mayores riesgos asociados a la inversión comercial. Esto significa que el flujo de caja de tu hotel debe ser lo suficientemente sólido como para afrontar pagos más altos en un periodo más reducido de tiempo.

▶ **Recursos propios y financiamiento parcial**: en la mayoría de los casos, los bancos no financian el 100 % del valor del inmueble. Será necesario que aportes una cantidad significativa de recursos propios, normalmente entre el 20 % y el 30 % del total. Esta es una de las barreras de entrada más grandes para la compra del inmueble, ya que implica disponer de un capital inicial considerable. Esta inversión propia te otorga mayor margen de negociación con la entidad financiera y demuestra tu compromiso con el proyecto.

▶ **El impacto del euríbor**: si optas por una hipoteca variable, deberás tener en cuenta las fluctuaciones del euríbor, que afectarán el coste de tus pagos mensuales. Aunque en los últimos años hemos experimentado tasas de interés históricamente bajas, el mercado financiero es volátil, y un aumento del euríbor podría incrementar considerablemente tus pagos. Es importante prever cómo cambios en el tipo de interés pueden afectar tus finanzas a largo plazo.

## Los gastos inherentes a la compra

Además de los pagos hipotecarios, adquirir un inmueble conlleva una serie de gastos adicionales a considerar antes de tomar una decisión:

- ▶ **Comisión de un bróker**: en muchas ocasiones, contar con un bróker inmobiliario te permite localizar propiedades adecuadas o negociar las mejores condiciones de compra. Sin embargo, este servicio tiene un coste que, normalmente, se traduce en una comisión de entre el 1 % y el 3 % del precio de compra del inmueble. Aunque es un gasto adicional, la intervención de un bróker puede simplificar el proceso y evitarte costosos errores.

- ▶ **Impuestos y gastos notariales**: la compra de un inmueble comercial también está sujeta a impuestos como el IVA o el Impuesto de Transmisiones Patrimoniales (en caso de segunda transmisión), así como a gastos notariales y de registro. Estos pueden sumar entre el 8 % y el 10 % del valor total de la operación; tenlos en cuenta en tu presupuesto.

- ▶ **IBI y otros gastos fiscales**: una vez seas propietario, tendrás que asumir el pago del Impuesto sobre Bienes Inmuebles (IBI), que dependerá del valor catastral del hotel. También podrías estar sujeto a otros impuestos municipales o regionales que afecten a la propiedad. Estos gastos, aunque previsibles, se suman a los costes fijos de tu operación.

**Poner el negocio en manos del banco**

Al solicitar una hipoteca comercial, uno de los aspectos más delicados es que, en cierto modo, estás poniendo el futuro de tu hotel en manos del banco. Las entidades financieras suelen requerir garantías adicionales y pueden exigir la cesión del TPV (Terminal Punto de Venta), lo que significa que parte de los ingresos de tu hotel, como las transacciones con tarjeta de crédito, irán directamente al banco para asegurar el pago de la hipoteca. Esto puede limitar tu flexibilidad financiera, especialmente en momentos de baja ocupación o fluctuaciones de ingresos.

**Los pros de ser propietario**

- ▸ **Control total sobre el inmueble**: ya no dependerás de un contrato de arrendamiento que pueda tener limitaciones o condiciones que interfieran en tus decisiones. Podrás hacer las reformas que consideres necesarias, expandir el hotel o modificar su uso sin tener que renegociar términos con un arrendador.

- ▸ **Estabilidad financiera**: los contratos de arrendamiento, aunque flexibles, conllevan aumentos periódicos de la renta que, con el tiempo, pueden erosionar tus márgenes de beneficio. En cambio, con una hipoteca, tus pagos son más predecibles y, una vez saldada, el inmueble pasa a ser un activo libre de cargas que sigue generando ingresos.

- ▸ **Apreciación del valor del inmueble**: en muchas zonas urbanas y turísticas, el valor de los inmuebles tiende a aumentar con el tiempo. Ser propietario te permite capitalizar esa apreciación, lo que puede ser una fuente adicional de ingresos si decides vender en el futuro o utilizar el activo como garantía para otras inversiones.

## Los contras de ser propietario

▸ **Altos costes iniciales**: como mencioné, deberás contar con un capital inicial significativo para cubrir el pago inicial y los gastos inherentes a la compra. Tal punto puede limitar tu liquidez durante los primeros años.

▸ **Responsabilidad financiera**: si bien una hipoteca comercial puede darte estabilidad en los pagos, as fluctuaciones en el euríbor o un descenso en la ocupación pueden poner en riesgo tu capacidad de cumplir con los pagos mensuales.

▸ **Mantenimiento y CAPEX**: serás responsable de todos los gastos de mantenimiento y mejora del inmueble, lo que implica realizar previsiones regulares para gastos de capital, que no siempre son fáciles de anticipar.

## Comparativa entre alquilar y comprar

Alquilar te permite operar con menos riesgos iniciales, flexibilidad y menores barreras de entrada. Comprar te da un control absoluto sobre el inmueble y la posibilidad de generar valor a largo plazo. El reto está en evaluar tu capacidad financiera para afrontar no solo los pagos hipotecarios, sino también los gastos inherentes a la propiedad.

Comprar el inmueble puede ser una excelente opción si el mercado y tus finanzas personales están alineados. Esto requiere un análisis profundo y un plan financiero sólido que tenga en cuenta tanto los pagos iniciales como los compromisos a largo plazo. Si decides dar este paso, tendrás la satisfacción de ser dueño de tu propio hotel en todos los sentidos, con el potencial de convertirlo en un activo clave para tu futuro financiero.

# 5. Reflexión final: Corrígeme si me equivoco, pero ahora eres hotelero

Llegar al final de este manual no es solo haber pasado las páginas de un libro más. Implica haber emprendido un viaje hacia el corazón de una industria que, a pesar de su larga historia, sigue renovándose y exigiendo cada día más a quienes la eligen. Ser hotelero no es solo gestionar un negocio, es asumir el rol de anfitrión, de servidor y de guía en una travesía que miles de personas deciden tomar cada día al pasar por las puertas de tu hotel. Si algo espero haberte demostrado con este manual es que la hospitalidad es un arte, pero también un negocio con miles de variables que no pueden ser ignoradas.

Este manual ha sido pensado como una caja de herramientas, de la cual cada capítulo muestra lo esencial para entender lo que realmente significa gestionar un hotel. Desde las raíces más antiguas de la hotelería en Mesopotamia hasta las complejidades modernas de los contratos de arrendamiento, la gestión financiera o la comercialización en la era digital, has podido obtener un panorama de lo que significa ser hotelero hoy en día.

## Ser hotelero: más allá del título

Mi intención es que comprendieras que, como ya vimos, poseer las paredes de un edificio y dirigir las operaciones son dos mundos distintos. Lo que de verdad define como hotelero es la capacidad de gestionar cada aspecto del negocio con dedicación, atención al detalle y una visión clara. La hotelería es una profesión que exige tanto habilidades operativas como estratégicas. Y durante este proceso, es importante saber delegar, rodearte de un equipo sólido y de saber cuándo dar un paso atrás para ver el negocio en su totalidad.

## La hotelería como una disciplina estructurada

Al desglosar las diferentes modalidades de explotación hotelera, has podido ver que no se trata de «una sola manera» de hacer las cosas. Existen múltiples enfoques: desde la gestión directa hasta el arrendamiento o la franquicia, cada uno con sus ventajas y desafíos. Espero que ahora conozcas las diferencias y tengas una idea clara de cuál es la más adecuada para tu visión empresarial.

Quizás una de las lecciones más valiosas que he querido transmitirte es que el éxito en la hotelería no es cuestión de intuición o suerte, sino de disciplina. La estructura financiera de un hotel, los contratos de gestión y arrendamiento, los modelos de proyección de ingresos, los márgenes de explotación y la adecuada gestión de personal no son solo números en una hoja de cálculo. Son las arterias que permiten que el hotel funcione de manera eficiente. Espero que este manual te haya ayudado a entender cómo navegar por todo ello.

## El equilibrio entre la gestión operativa y estratégica

Otra de las grandes lecciones que espero haberte enseñado es el equilibrio que requiere ser un buen hotelero. No se trata solo de asegurarte de que los clientes tengan una buena experiencia. El punto es que todo el sistema detrás del hotel funcione sin fallos. La ocupación, el ADR, el RevPAR y el margen de explotación son los indicadores que, ojalá, ahora manejes con propiedad y que te ayudarán a ajustar las variables de tu negocio para obtener un rendimiento constante.

Además, te he mostrado la ventaja de externalizar ciertos servicios, como el de limpieza, o cómo estructurar un equipo eficiente que mantenga el hotel operativo 24/7. Pero recuerda que no todo puede delegarse: hay momentos en los que deberás intervenir para que cada huésped se sienta acogido, como lo haría un verdadero anfitrión.

## La comercialización en la era digital

Quizás una de las áreas que más ha evolucionado en los últimos años es la comercialización. Páginas atrás te hablé sobre el impacto que tienen las OTA y los canales de venta directa. El equilibrio entre estas plataformas y la venta directa es un juego de estrategia fina. No puedes depender completamente de las OTA, pero tampoco puedes ignorarlas. La clave, como he discutido, está en encontrar la fórmula que mejor funcione para tu hotel, manteniendo siempre un control sobre los costes y maximizando los beneficios sin comprometer la calidad del servicio.

## La importancia de planificar a largo plazo

A lo largo del manual también te he mostrado la importancia de tener una visión a largo plazo. La proyección financiera de tu hotel no es algo que se improvise. Ya no solo piensas en el presente, sino en cómo mantener el negocio rentable y competitivo dentro de 5, 10 o 20 años. Elementos como el CAPEX, el mantenimiento de instalaciones y el estado del FF&E son inversiones que deben planificarse con cuidado para evitar sorpresas desagradables en el futuro.

También te he hablado sobre cómo factores como la ubicación y la categoría del hotel juegan un papel decisivo en su rentabilidad. Te he dejado ejemplos sobre el manejo de las herramientas necesarias para adaptar tu estrategia de precios a las circunstancias del mercado. Cada temporada es diferente; la flexibilidad es tu mejor aliada.

## El arte de no subestimar lo complejo

Una de las lecciones más importantes que espero te hayas llevado de este manual es que la hotelería, a pesar de su aparente simplicidad, es una profesión compleja. Como ya he discutido, desde la distancia, gestionar un hotel puede parecer solo una cuestión de abrir las puertas, pero nada está más lejos de la realidad. Hay tantas variables en juego que simplificarlas sería un error costoso. Ahora estás en una mejor posición para tomar decisiones informadas, para anticiparte a los problemas y para gestionar con éxito uno de los negocios más antiguos del mundo.

# 6. Concluyendo...

Mi deseo es que lo que has leído se convierta en herramientas reales que puedas aplicar en tu vida profesional. La hotelería es una profesión que te exige estar siempre un paso adelante, pues anticipas las necesidades de tus huéspedes y de tu propio negocio. Como todo buen hotelero, tu tarea será encontrar el equilibrio perfecto entre la hospitalidad y la gestión, y estoy convencido de que este manual te ha dado las bases para hacerlo.

Recuerda siempre: «Las cosas bien hechas no siempre tienen que ser bellas, pero las cosas bellas siempre están bien hechas». Aplica esta filosofía en cada decisión que tomes, y no tengo duda de que estarás en el camino correcto para convertirte en el hotelero que aspiras ser.